AF403026

LE CERCLE

DE LA LIBRAIRIE

DE PARIS

à l'Exposition du Livre

CATALOGUE

PARIS

117, BOULEVARD SAINT-GERMAIN, 117

JUILLET 1892

LE CERCLE

DE LA LIBRAIRIE

DE PARIS

à l'Exposition du Livre

CATALOGUE

PARIS

117, BOULEVARD SAINT-GERMAIN, 117

JUILLET 1892

Exposition
du
Cercle de la Librairie
de Paris

AMSTERDAM, 1892

SCEAU DE LA VILLE D'AMSTERDAM, EN 1520

Conservé aux Archives nationales.

Un vaisseau monté par deux hommes d'armes : l'un, à l'arrière, tient une épée et un écu d'or écartelé de lions; l'autre tient un étendard où se voit un pal chargé de trois sautoirs. Cet étendard se retrouve à l'arrière du navire. On lit en légende : « Sigillum secretum opidi Aemstelredamensis. » (V. Douet d'Arcq, *Collection des sceaux des Archives de l'Empire*, III, 385.)

PARIS

IMPRIMÉ PAR D. DUMOULIN ET Cie

5, rue des Grands-Augustins, 5

Frontispice d'un *Dictionnaire économique*, publié par les libraires associés Jean Covens et Corneille Mortier, et dédié au « très noble et très honorable seigneur Monseigneur Lieve Geelvinck », bourgmestre de la ville d'Amsterdam, directeur de la Compagnie des Indes orientales. Amsterdam, 1736.

Le drapeau que l'on voit à droite porte un monogramme qui signifie : « Compagnies réunies des Indes orientales ». En bas, l'écusson d'Amsterdam, surmonté de la couronne impériale, en souvenir du prêt que fit cette ville à Maximilien Ier, roi des Romains, en 1480, élu empereur d'Allemagne en 1492.

MARQUE D'ANTOINE ESTIENNE
Imprimeur à Paris. 1592-1674

Un olivier dont un homme s'approche et qu'il contemple, avec une devise latine qui signifie : « Ne place pas ta sagesse trop haut. » — Cette marque est, à part quelques légères différences, celle qu'employèrent Robert Estienne (1503-1559) et Charles Estienne (1504-1564), tous deux fils de Henri Estienne (1460-1521), fondateur de la famille.

Les marques d'imprimeurs et de libraires qui ornent ce Catalogue sont tirées de la Collection du Cercle de la Librairie, et décrites d'après l'*Inventaire* publié par M. Paul Delalain. Gr. in-8°. Paris, 1892.

LE CERCLE

DE LA LIBRAIRIE

DE PARIS

à l'Exposition du Livre

CATALOGUE

PARIS

117, BOULEVARD SAINT-GERMAIN, 117

JUILLET 1892

MARQUE DE GALLIOT DU PRÉ
Libraire parisien, de 1512 à 1560.

Galliot a fait allusion à son nom par le choix de cette marque et de la devise : « Vogue la Guallée! ». Comme la plupart des imprimeurs et des libraires dans les premiers temps de l'imprimerie, Galliot était auteur en même temps que commerçant. (V. Paul Delalain, *Notice sur Galliot du Pré*.)

L V G D V N I   B A T A V O R V M.

Proſtant apud Ludov. Elʒevirium

& Andream Cloucquium.

Anno 1 6 0 9.

MARQUE DE LOUIS Ier ELZÉVIR ET ANDRÉ CLOUCQ
Libraires associés à Leyde.

Une aigle perchée sur un cippe tient suspendu à son bec un faisceau
de sept flèches. La marque, datée de 1595, porte une devise latine qui
signifie : « Bonne entente engendre prospérité. »

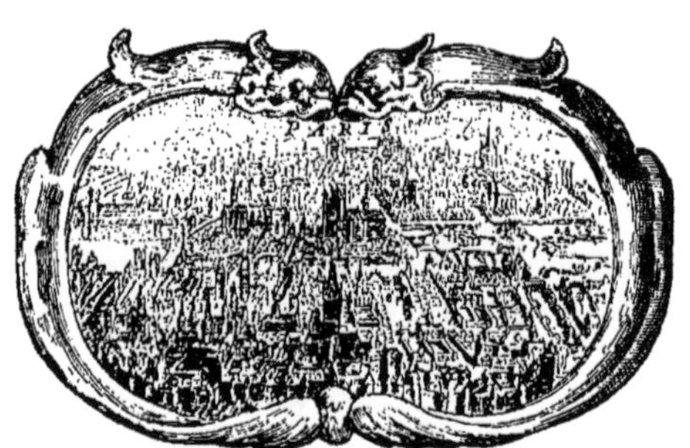

LE
CERCLE DE LA LIBRAIRIE
DE PARIS

Le Cercle de la Librairie, de l'Imprimerie, de la Papeterie, du Commerce de la Musique et des Estampes, etc., est une association de membres appartenant à toutes les professions qui concourent à la fabrication du livre et à la diffusion de la pensée et des arts. Il a pour siège un hôtel situé sur le boulevard Saint-Germain, construit par l'éminent architecte Charles Garnier, et inauguré le 4 décembre 1879. C'est là que tient séance son Conseil d'administration et que se réunissent les Chambres syndicales des diverses industries du Livre, le Syndicat pour la protection de la propriété littéraire et artistique, la Commission d'arbitrage et celle du timbrage des estampes et des éditions de luxe. C'est également dans ses bureaux que se publie hebdomadairement la *Bibliographie de la France, Journal général de l'Imprimerie et de la Librairie*, créé en 1811.

La fondation du Cercle remonte à l'année 1847. Le Cercle compte actuellement 311 membres titulaires et associés, et 86 membres correspondants.

ANCIENS PRÉSIDENTS DU CERCLE

MM.

J.-B. BAILLIÈRE, ✱, président du comité d'organisation, 1847.

† AMBROISE FIRMIN DIDOT, O. ✱, membre de l'Institut, 1er président, 1847-1848.

† PAGNERRE, 1849-1854.

† E. THUNOT, ✱, 1855.

† LANGLOIS ✱, 1856-1857.

J. DELALAIN, ✱, I. ◊, 1858-1860.

MM.

† E. ROULHAC, ✱, 1861-1863

† L. HACHETTE, ✱, 1864.

† L. BRÉTON, ✱, 1865-1867

† CH. DE LABOULAYE, ✱, 1868-1871.

GEORGES MASSON, O. ✱, ◊, 1872-1874.

† J. BASSET, ✱, 1875-1877

G. HACHETTE, ✱, 1878-1883.

EUGÈNE PLON, ✱, 1884-1885.

PAUL DELALAIN, ✱, I. ◊, ✚, 1886-1890.

SYNDICAT POUR LA PROTECTION
DE LA
PROPRIÉTÉ LITTÉRAIRE ET ARTISTIQUE

BUREAU

Président : M. A. TEMPLIER, ✳, président du Cercle de
la librairie.

Vice-Présidents : { M. Jules THOMAS, O. ✳, I. ✳.
{ M. Hector MALOT.

Secrétaire général : M. GERMOND DE LAVIGNE, ✳, A. ✳.
Vice-secrétaire : M. Édouard SAUVEL,
Trésorier : M. Fernand CHAMPENOIS.
Archiviste : M. BOUVRET.

MEMBRES DÉLÉGUÉS

Société des Gens de Lettres. — MM. Hector MALOT,
Paul GAULOT, Alfred DUQUET, hommes de lettres.

*Association des artistes peintres, sculpteurs, graveurs,
architectes et dessinateurs.* — MM. J. G. THOMAS,
O. ✳, I. ✳, membre de l'Institut, statuaire;
ROCHET, A. ✳, statuaire; Adrien HUARD, avocat à la
Cour d'appel.

Société des artistes français. — M. ROBERT-FLEURY
(Tony), O. ✳, artiste peintre.

Société des compositeurs de musique. — M. Georges
PFEIFFER, A. ✳, compositeur de musique.

Syndicat du commerce de la musique. — M. Auguste
DURAND, éditeur de musique.

Société des inventeurs et artistes industriels. — MM. BOU-
VRET, inventeur; COUHIN et PLOCQUE, avocats à la Cour
d'appel.

Société française de photographie. — MM. Davanne, O. ✳ ;
DE VILLECHOLLE, A. ▨ ; L. PERROT DE CHAUMEUX,
avocat à la Cour d'appel.

Société centrale des Architectes français. — MM. H. DAU-
MET, ✳, A. ▨, membre de l'Institut, architecte ;
Edmond DE JOLY, O. ✳, architecte de la Chambre
des députés ; Achille HERMANT, ✳, architecte du
département de la Seine.

Caisse de défense mutuelle des Architectes. — M. Charles
LUCAS, I. ▨, architecte.

Cercle de la Librairie. — MM. Armand TEMPLIER, ✳ ;
GERMOND DE LAVIGNE, ✳, A. ▨ ; H. BELIN, I. ▨, ✠, ▨ ;
Ferdinand CHAMPENOIS.

Membres adjoints à titre de jurisconsultes. — MM. René
LAVOLLÉE, ✳, I. ▨, ancien consul général ; Edmond
SAUVEL, avocat à la Cour de cassation.

Présidents honoraires : MM. G. HACHETTE, ✳, ▨,
Eugène PLON, ✳, ▨ ; Paul DELALAIN, ✳, I. ▨, ✠.

MARQUE DE JEAN BLAEU, IMPRIMEUR-LIBRAIRE
Amsterdam, 1643.
Deux globes dont un l'emporte sur l'autre. — Jean Blaeu, géographe
et imprimeur, fut appelé *typographorum princeps.*

PRINCIPALES COMMISSIONS DU CERCLE

COMMISSION DU JOURNAL
MM.

Picard (Alphonse), ⬛, libraire-expert, *président*.
Alcan (Félix), A. ⬛, ⬛, libraire-éditeur.
Belin (Henri), I. ⬛, ✠, ⬛, imprimeur-éditeur.
Chamerot (Georges), ✻, ✠, ⬛, imprim. typographe.
Lemerre (Alphonse), ✻, A. ⬛, ⬛, libraire-éditeur.
Chatrousse (Just), A. ⬛, ✠, *secrétaire*.

COMMISSION

DE LA BIBLIOTHÈQUE TECHNIQUE
MM.

Delalain (Paul), ✻, I. ⬛, ✠, *président*.
Barthélemy (A.), marchand de papiers en gros.
Chamerot (Georges), ✻, ✠, ⬛, président en exercice
de la Chambre des Imprimeurs Typographes.
Charavay (Claudius), A. ⬛, libraire-paléographe.
Claudin (Eugène), libraire-expert.
Gruel (Léon), A. ⬛, relieur-libraire.
Picard (Alphonse), ⬛, libraire-expert.
Blanchot (Auguste), A ⬛, bibliothécaire du Cercle de
la librairie, *secrétaire-archiviste*.
Chatrousse (Just), A. ⬛, ✠, *secrétaire adjoint*.

COMMISSION D'ARBITRAGES
MM.

Chamerot (Georges), ✻, ✠, ⬛, imprimeur, *président*.
Chatrousse (Just), A. ⬛, ✠, *secrétaire*.

COMMISSION

DU TIMBRAGE DES ESTAMPES

ET DES ÉDITIONS DE LUXE

MM.

CHARDON (Ch.). ❀, A. ⚜, ancien imprimeur en taille-douce, *président*.

CHAMPENOIS (F), imprimeur lithographe.

GRUEL (Léon). A. ⚜, relieur-libraire.

HAUTECŒUR, A. ⚜, éditeur d'estampes.

CHATROUSSE (Just). A. ⚜, ✠, *secrétaire*.

COMPAGNIE DES MARCHANDS LIBRAIRES DE PARIS

Marque tirée

des *Délices de la Campagne*. In-12. 1665.

Un faisceau de baguettes entre deux cornes d'abondance

avec la devise : *Concordia*.

AMSTELODAMI,

Apud Ludovicum & Danielem Elzevirios.

cIɔ Iɔc LV.

MARQUE DE LOUIS ET DANIEL ELZÉVIR

Imprimeurs-Libraires à Amsterdam. 1655.

La Minerve, avec ses attributs (l'olivier, la chouette), s'appuie sur une pique et porte le bouclier orné de la tête de Méduse. La devise « Ne extra oleas » s'explique ainsi : « Ne vous emportez pas au-delà des bornes. » (V. Alphonse Willems, *les Elzevier.*)

FAC-SIMILÉ

D'UNE LETTRE DE BONAVENTURE ET ABRAHAM ELZÉVIR

CONSERVÉE AUX ARCHIVES DE FRANCE

LECTURE

MÉDAILLE

FRAPPÉE EN L'HONNEUR D'ABRAHAM ELZÉVIR

AUX FRAIS DE L'UNIVERSITÉ DE LEYDE. 1652.

La plus grande part de l'illustration attachée au nom des Elzévir,
dit M. Alphonse Willems, revient à Abraham.

MARQUE DE DANIEL ELZÉVIR

Amsterdam, 1663.

Tirée du frontispice des *Œuvres de M. François Rabelais*, 2 vol. petit
in-12, s. l. (Amsterdam), 1663. (V. Alphonse Willems, *Les Elzevier*,
p. clxxxvi et p. 334, n° 1316).

CATALOGUE

DE L'EXPOSITION

D'AMSTERDAM

MARQUE DE JEAN SCHIPPER
Libraire à Amsterdam. 1668.

Un vaisseau (*schip* en hollandais) voguant sur l'Océan et portant à l'extrémité de son grand mât une banderole flottante où est inscrite une devise latine qui signifie : « La douleur se mêle à la joie. » Une autre devise, inscrite à l'arrière du vaisseau, se traduit : « Tout ne va pas avec le vent en arrière », et correspond à ce dicton français : « Tout n'est pas rose dans la vie »

Vue d'Amsterdam, avec cette inscription :
Amsterdam telle qu'elle était avant 1400. — D'après une gravure du xviiᵉ siècle,
conservée à la Bibliothèque nationale de Paris.

EXPOSITION

DU

CERCLE DE LA LIBRAIRIE

LE CERCLE DE LA LIBRAIRIE, *de l'Imprimerie,
de la Papeterie, du Commerce de la Musique et des
Estampes*, syndicat de toutes les professions se rattachant à l'industrie du livre. Notice historique et
descriptive, avec planches en taille-douce. In-8.

BIBLIOGRAPHIE DE LA FRANCE. Journal général
de l'Imprimerie et de la Librairie. ANNÉE 1891 complète : *Relevé officiel du dépôt légal ;* — *Chroniques.
ventes, etc. ;* — *Feuilleton des annonces.* — SIX PRE-
MIERS MOIS DE 1892 (91ᵉ année).

CATALOGUE *de la première exposition du Cercle :*
Livres (juin 1880). 1 vol. in-8.

CATALOGUE *de la Bibliothèque technique du Cercle
de la Librairie*, par ordre de matières et par noms
d'auteurs. In-4.

CATALOGUE *de la deuxième exposition du Cercle :*
Gravures anciennes et modernes (juillet 1881). In-4.

CATALOGUE DES DESSINS, *aquarelles et estampes de Gustave Doré*, exposés au Cercle (mars 1885).

CATALOGUE DES COLLECTIVITÉS *organisées par le Cercle de la Librairie aux Expositions* de Londres, 1864 ; Vienne, 1873 ; Philadelphie, 1876 ; Nouvelle-Orléans, 1884-1885 ; Melbourne, 1888 ; Barcelone, 1888 ; Anvers, 1890.

RECUEIL DES LOIS *françaises et étrangères sur la propriété littéraire et artistique, suivies des conventions conclues par la France pour la protection des œuvres de littérature et d'art*, recueillies par Ch. Lyon-Caen, professeur à la Faculté de droit de Paris et à l'École des sciences politiques, et P. Delalain, président du Syndicat pour la protection de la propriété littéraire et artistique, sous la direction du *Comité de Législation étrangère*. 2 volumes in-8 raisin de 615 et 440 pages, avec tables (Paris, 1889).

Cet ouvrage est ainsi divisé : Tome 1er. Les Lois françaises et étrangères sur la propriété littéraire et artistique ; — Tome II. Les Conventions internationales conclues par la France pour la protection des œuvres de littérature et d'art.

MANUEL PRATIQUE POUR L'ENREGISTREMENT ET LE DÉPOT *des œuvres de littérature et d'art aux États-Unis :* Nouvelle législation. — Historique. — Commentaires. — Formalités ; par le comte E. de Kératry. Un volume in-8 de 82 pages.

ORIGINES DE L'IMPRIMERIE EN FRANCE (Avignon, 1444), par M. l'abbé Requin, Correspondant du Ministère des Beaux-Arts. Brochure in-8 raisin, de 40 pages, tirée à 100 exemplaires, avec fac-similés et traduction de pièces notariées.

NOTICE SUR GALLIOT DU PRÉ, *libraire parisien de* 1512 *à* 1560, par Paul DELALAIN. Brochure in-8 raisin, de 20 pages, contenant cinq gravures.

NOTICE COMPLÉMENTAIRE SUR GALLIOT DU PRÉ, par LE MÊME AUTEUR. Brochure in-8 raisin, de 24 pages, avec reproduction du plan de Paris sous le règne de Henri II, par Olivier Truschet et Germain Hoyau.

NOTICE SUR CHRISTOPHE PLANTIN, relieur à Anvers, de 1514 à 1590, par Léon GRUEL, relieur libraire. In-8 raisin, de 12 pages, avec deux spécimens de reliures.

INVENTAIRE DES MARQUES *d'imprimeurs et de libraires*, de la Collection du Cercle de la Librairie, par M. PAUL DELALAIN, président de la Commission de la Bibliothèque technique, ancien président du Cercle de la librairie. Deuxième édition, entièrement refondue et considérablement augmentée. Un volume in-8 colombier de xxviii-358 pages, impr. à 400 exemplaires, sur papier de cuve. Broché. . . . 30 fr.

Cette seconde édition comprend 2 798 pièces inventoriées, du quinzième à la fin du dix-huitième siècle, se répartissant ainsi : FRANCE : 1 452, comprenant 925 marques pour Paris ; 378 pour Lyon ; 149 pour les autres villes. — ÉTRANGER : 1 346 marques, se répartissant ainsi : Allemagne, 290 ; Alsace, 26 ; Autriche, 9 ; Belgique, 132 ; Danemark, 3 ; Espagne, 36 ; Grande-Bretagne, 24 ; Italie, 386 ; Pays-Bas, 210 ; Portugal, 2 ; Suisse, 228. — Ces 2 798 pièces se rapportent à 1 941 imprimeurs, libraires, compagnies et sociétés d'impression ou d'édition, dont 942 appartiennent à la France.

Cette description est précédée d'un *Essai d'interprétation des signes spéciaux* qui accompagnent dans les marques les chiffres des imprimeurs et des libraires. Afin de faciliter les recherches, une table a été dressée par ordre alphabétique de noms, avec l'indication du pays d'origine.

LA MARQUE DES DEUX CIGOGNES

(Collection du Cercle de la Librairie.)

SÉBASTIEN NIVELLE

SÉBASTIEN CRAMOISY

BARBOU

DELALAIN

La marque des deux cigognes, employée pour la première fois par Sébastien Nivelle, libraire à Paris de 1550 à 1603, a été continuée par les Cramoisy, de 1603 à 1704 ; par les frères Barbou, de 1704 à 1808 ; et par la famille Delalain, depuis 1808.

Imprimé sur papier des *Papeteries du Marais*.

LA NOUVELLE REVUE

POLITIQUE, ÉCONOMIQUE, SCIENTIFIQUE ET LITTÉRAIRE

FONDÉE ET DIRIGÉE

Par Madame ADAM

Paraît le 1ᵉʳ et le 15 de chaque mois depuis le 1ᵉʳ avril 1879

CHAQUE NUMÉRO CONTIENT **224** PAGES DE TEXTE

18, boulevard Montmartre, Paris

Fondée et dirigée par Mᵐᵉ ADAM, la *Nouvelle Revue* est demeurée fidèle à la voie qu'elle se traçait au mois d'octobre 1879. Introduire l'intérêt d'actualité, la variété, qui est l'essence même de la vie publique, dans un recueil qui n'exclurait pas les études d'intérêt général, c'était là son programme; respect de la liberté, culte sage du progrès social, patriotisme actif, c'était là sa devise. Programme et devise lui ont paru s'imposer au moment où la France renaissait à la vie publique et adoptait la forme du gouvernement républicain.

Les collaborateurs de la *Nouvelle Revue* étudient consciencieusement l'état politique et social de la France et de toutes les grandes nations. Assurer à notre pays un cercle d'amitiés élargi tous les jours, unir les esprits éclairés de toutes les nations par les liens, moins frêles qu'on ne croit, de la collaboration littéraire et de l'échange des idées; marquer le rang et l'influence de la France dans le monde; établir, avec le concours des talents spéciaux, l'importance intrinsèque et relative de son armée et de sa marine, telle est l'œuvre de la *Nouvelle Revue*, qui n'est pas demeurée inféconde. Dès sa fondation, la *Nouvelle Revue* n'a-t-elle pas, dans la mesure de ses forces, contribué à créer et à diriger le courant de sympathies qui entraîne l'une vers l'autre, pour leur mutuelle sauvegarde, deux grandes nations, la Russie et la France?

La littérature et l'art sous toutes leurs formes occupent une large place à la *Nouvelle Revue*. Ses critiques suivent d'un esprit attentif et libéral le mouvement artistique et littéraire à l'étranger comme en France. Les romans de la *Nouvelle Revue* sont signés des premiers noms contemporains.

La transformation subie par la France depuis 1870 avait créé des besoins nouveaux à la nation, par suite des devoirs nouveaux à la presse : répondre à ces besoins, remplir ces devoirs, telle est la tâche que la *Nouvelle Revue* a entreprise dans le domaine des grands périodiques. Elle ne demeure étrangère à aucune des préoccupations de l'attention française, à aucun des événements intérieurs ou extérieurs qui intéressent la vie morale et matérielle de la nation. De là, sans doute, son succès auprès d'une élite de lecteurs fort nombreuse.

TARIF D'ABONNEMENT

	1 an.	6 mois.	3 mois.
PARIS.	50 fr.	26 fr.	14 fr.
DÉPARTEMENTS, ALGÉRIE, TUNISIE ET ALSACE-LORRAINE.	56 »	29 »	15 »
ÉTRANGER (Union postale 1ʳᵉ zone).	62 »	32 »	17 »

Prix du numéro : **2 fr. 50**.

On s'abonne **sans frais**, en France et à l'Étranger, dans tous les **Bureaux de poste**, dans tous les bureaux et agences de la **Société Générale** et du **Crédit Lyonnais**.

Les abonnements partent des 1ᵉʳ et 15 de chaque mois.

EN VENTE :

Collection complète de la *Nouvelle Revue* du 1ᵉʳ octobre 1879 au 15 décembre 1891 (294 numéros). Prix . . . . 550 fr.

Années séparées (24 numéros). — . . . . » 50 »

La *Nouvelle Revue* met à la disposition de ses abonnés une couverture cartonnée destinée à conserver en bon état le numéro en lecture.

Cette couverture montée sur un dos à ressort, ce qui permet d'y placer et d'en retirer instantanément le numéro, est recouverte d'une toile maroquinée couleur avec titre doré : **LA NOUVELLE REVUE**.

Pour recevoir *franco* la couverture, adresser *un franc* en mandat-poste ou timbres-poste français.

Librairie de LA NOUVELLE REVUE

18, BOULEVARD MONTMARTRE, PARIS

EN VENTE :

OUVRAGES DU COMTE PAUL VASILI

A l'Abîme. 1 vol. in-18. — Prix	3 fr.	50
La Société de Berlin. 1 vol. in-8°. — Prix	6 fr.	»
La Société de Vienne. 1 vol. in-8°. — Prix	6 fr.	»
La Société de Londres. 1 vol. in-8°. — Prix	6 fr.	»
La Société de Madrid. 1 vol. in-8°. — Prix	6 fr.	»
La Société de Saint-Pétersbourg. 1 vol. in-8°. — Prix	6 fr.	»
La Société de Rome, 1 vol. in-8°. — Prix	6 fr.	»
La Société de Paris { Volume I : Le Grand Monde. 1 vol. in-8°. — Prix	6 fr.	»
Volume II : Le Monde Politique. 1 vol. in-8°. — Prix	6 fr.	»

OUVRAGES DE MADAME ADAM

Coupable. Comédie en un acte. 1 broch. in-8°. — Prix	1 fr.	»
Le Général Skobeleff, accompagné d'un portrait du général, dessiné par Georges Roux. 1 vol. in-8° carré. — Prix	2 fr.	»
Voyage autour du Grand-Pin. — 1 vol. in-18. — Prix	3 fr.	50
Dans les Alpes. 1 vol. in-18. — Prix	3 fr.	50
Le Siège de Paris. 1 vol. in-18. — Prix	3 fr.	50
Idées anti-proudhonniennes. 1 vol. in-18. — Prix	3 fr.	50
Le Mandarin. 1 vol. in-18	3 fr.	50
Mon village. 1 vol. in-18. — Prix	(Epuisé.)	
L'Éducation de Laure. 1 vol. in-18. — Prix	3 fr.	50
Saine et Sauve. 1 vol. in-18. — Prix	3 fr.	50
Récits du Golfe Juan. 1 vol. in-18. — Prix	3 fr.	50
Jean et Pascal. 1 vol. in-18. — Prix	3 fr.	50
Jalousie de Jeune fille. 1 vol. in-18. — Prix	3 fr.	50
La Patrie hongroise (*Souvenirs personnels*). 1 vol. in-8°. — Prix	6 fr.	»
La Chanson des Nouveaux Époux. 1 vol. in-18 carré. (Les dix compositions qui illustrent ce volume sont de MM. Benjamin Constant, E. Detaille, Gustave Doré, Jean-Paul Laurens, Jules Lefebvre, Fernand Lematte, Hector Le Roux, A. Morot, Munkacsy, Ed. Toudouze.) — Prix	10 fr.	»
Un Rêve sur le divin. Frontispice dessiné par G. Fraipont. 1 vol. in-18 carré. Exemplaire sur vélin. — Prix	5 fr.	»
Exemplaire sur chine, grandes marges (numéroté à la presse de 1 à 50). — Prix	20 fr.	»

OUVRAGES DE M. G. G. DE LA « NOUVELLE REVUE »

Essais de critique militaire, 1 vol. in-8° d'environ 400 pages avec suppléments et pièces justificatives, 13 tableaux de marche et 3 cartes en couleurs (*Ouvrage honoré d'une souscription du Ministère de la Guerre*).	10 fr.	»
Sept études militaires, 1 vol. in-18 de 390 pages. — 1re Étude. La Question des cadres (officiers). — 2° Étude. Le Grand État-major. — 3° Étude. Manœuvres d'automne (1890). — 4° Étude. Les Grandes manœuvres (1891). Réponse à M. J. Reinach. — 5° Étude. La Fortification et l'artillerie. — 6° Étude. La Défense de la France. — 7° Étude. Éléments de la Guerre, d'après le colonel Maillard (*Ouvrage honoré d'une souscription du ministère de la Guerre*).	3 fr.	50

Librairie de LA NOUVELLE REVUE

18, BOULEVARD MONTMARTRE, PARIS.

DIVERS

BROCHURES

Nota. — Tous les ouvrages du catalogue sont expédiés *franco* contre l'envoi d'un mandat-poste ou valeur à vue sur Paris à l'ordre de l'administrateur-gérant de la *Nouvelle Revue.*

Paris. — Typ. Chamerot et Renouard. — 28669.

FÉLIX ALCAN

LIBRAIRE-ÉDITEUR

Successeur et ancien Associé de GERMER BAILLIÈRE et Cⁱᵉ

ANCIEN ÉLÈVE DE L'ÉCOLE NORMALE SUPÉRIEURE, OFFICIER D'ACADÉMIE, NOTABLE COMMERÇANT

108, Boulevard Saint-Germain, Paris

Sciences ✦ Médecine ✦ Philosophie ✦ Histoire

Maison fondée en 1828 par M. Germer Baillière;
continuée en 1862 par M. G. Germer Baillière; en 1875 par MM. Félix Alcan
et G. Germer Baillière sous la raison sociale : *Germer Baillière et Cⁱᵉ*.
Depuis 1883 M. Félix Alcan
est seul propriétaire et directeur de cette librairie.

Récompenses Obtenues

VIENNE 1873
Médaille d'Or (Germer Baillière).

PARIS 1878 (Classe VIII)
Médaille d'Or (Germer Baillière et F. Alcan).

MELBOURNE 1881
Diplôme de Mérite, 2ᵉ *ordre* (Germer Baillière et Félix Alcan).

MELBOURNE 1888
Diplôme de Mérite, 1ᵉʳ *ordre* (Félix Alcan).

BARCELONE 1888
Médaille d'Or (Félix Alcan).

PARIS 1889 (Classes VIII et IX)
Deux Médailles d'Or (Félix Alcan).

Médailles et diplômes d'honneur dans diverses Expositions départementales : à Autun, Bordeaux, Chartres, Lille, Nantes, Toulouse, etc. — La Librairie a, de plus, pris part aux Expositions collectives du Cercle de la Librairie : *à Paris, 1878 (Classe IX); à Philadelphie, à Londres, à la Nouvelle-Orléans, à Anvers, à Moscou,* etc.

M. Félix Alcan se consacre principalement aux publications destinées à l'enseignement supérieur dans les branches suivantes: *Sciences médicales, physiques et naturelles, philosophie, histoire.*

Dans les mêmes branches, elle publie des livres d'enseignement secondaire et de vulgarisation.

Ces éditions sont en grande partie classées dans des collections appréciées du monde savant et dont l'importance et les dates de création sont indiquées ci-après :

Médecine. — Œuvres de MM. les professeurs Axenfeld, Bouchardat, Cornil, Cornil et Babes, Damaschino, Debierre, Delorme, Grimaux, Léon Le Fort, Malgaigne, Marey, Nélaton, Ranvier, Riche ; des Drs B. Anger, Barthez, Béraud, Bouchut, Th. David, Desprès, Durand-Fardel, Fau, Féré, Galezowski, Hanot, Hérard, Horteloup, Jamain, Lagrange, Lancereaux, Landouzy, Levillain, Martineau, Onimus, Péan, Pozzi, Richard, Sanné, Félix Terrier, etc. — Traductions des œuvres de Bartels, Billroth, Botkin, Burdon-Sanderson, Duckworth, Ferrier, Liebreich, Mac-Cormac, Murchison, James Paget, Preyer, Sœlberg-Wells, Taylor, Virchow, H. Weber, etc.

> Un grand nombre de ces ouvrages sont ornés de gravures en noir et en couleurs, dans le texte et hors texte. Nous appelons spécialement l'attention sur les suivants : Cornil et Babes, *Les Bactéries;* Hérard, Cornil et Hanot, *La Phtisie pulmonaire;* Debierre, *Traité élémentaire d'Anatomie,* pour lesquels M. F. Alcan a, l'un des premiers, appliqué la chromotypographie à l'illustration scientifique.

Bibliothèque scientifique internationale, dirigée par M. Em. Alglave. (Fondée en 1874, comprenant actuellement 75 volumes in-8°, en partie illustrés de gravures dans le texte et de planches hors texte.)

Auteurs français : MM. Arloing, Berthelot, H. Beaunis, Binet, Féré, Cartailhac, Daubrée, C. Dreyfus, L. Dumont, Falsan, Joly, Lagrange, de Lanessan, Luys, Marey, Edmond Perrier, de Quatrefages, Ch. Richet, de Saporta et Marion, Schutzenberger, Topinard, Trouessart, Wurtz, etc.

Auteurs étrangers : MM. Bagehot, A. Bain, Balfour-Stewart, Bernstein, Blaserna, Brialmont, de Candolle, Charlton-Eastian, Draper, Fuchs, Hartmann, Herbert Spencer, Helmholtz, Huxley, Sir John Lubbock, Mantegazza, Maudsley, Pettigrew, de Roberty, Romanes, Rood, Schmidt, le Père Secchi, Stallo, Starcke, Stanley-Jevons, Thurston, Van Beneden, Vogel, Whitney, Young, etc.

Bibliothèque de philosophie contemporaine. (Fondée en 1865, comprenant actuellement 100 volumes in-18 et 112 volumes in-8°.)

PRINCIPAUX COLLABORATEURS

Auteurs français : MM. Arréat, Bardoux, Jules Barni, Barthélemy-Saint-Hilaire, E. Beaussire, Bersot, A. Burdeau, A. Bertrand, J. Bourdeau, L. Carrau, Compayré, Challemel-Lacour, Colsenet, Egger, Espinas, Féré, A. Fouillée, Ad. Franck, Guyau, Paul Janet, Jaurès, Lévêque, G. Lyon, Marion, Bernard Pérez, Picavet, Pillon, Aug. Laugel, Paulhan, Rauh, Th. Ribot, Ch. Richet, Saisset, Séailles, Taine, Vacherot, etc.

Auteurs étrangers : MM. Agassiz, Al. Bain, Buchner, Delbœuf, L. Ferri, Flint, Garofalo, Haeckel, de Hartmann, Herbert Spencer, Hirth, Howard Collins, Huxley, de Laveleye, Leopardi, Lombroso, Maudsley, Mosso, Preyer, Romanes, A. Schopenhauer, Sergi, J. Stuart-Mill, James Sully, Wundt, etc.

Collection historique des grands philosophes. — Traductions d'Aristote, de Fichte, de Leibniz, de Kant, de Hegel, de Schelling, etc. Études sur les philosophes anciens et modernes.

Bibliothèque d'histoire contemporaine. (Fondée en 1867. 75 volumes in-18 et in-8°.)

Histoire contemporaine des divers pays. —*Histoire de Dix ans*, par Louis Blanc (5 vol. in-8°). — *Histoire de l'Europe pendant la Révolution française*, par H. de Sybel (6 vol. in-8°). — *Histoire du second Empire*, par Taxile Delord (6 volumes in-8°). — Publications sur les colonies françaises et leur histoire, par MM. Gaffarel, de Lanessan, M. Vahl. — Ouvrages de MM. Aulard, J. Barni, E. Beaussire, J. Bourdeau, H. Carnot, Clamageran, Debidour, Despois, de Laveleye, Marcellin Pellet, Eug. Spuller.

Recueil des instructions données aux ambassadeurs et ministres de France, depuis les traités de Westphalie jusqu'à la Révolution française, *publié sous les auspices de la Commission des Archives diplomatiques au Ministère des Affaires étrangères.* (Commencé en 1884. 8 vol. in-8° raisin, imprimés sur papier de Hollande.)

> Les volumes parus sont consacrés à l'Autriche, à la Suède, au Portugal, à la Pologne (2 vol.), à Rome, à la Russie (2 vol.), et sont dus respectivement à MM. Albert Sorel, Geffroy, de Caix de Saint-Aymour, Louis Farges, G. Hanoteaux et Alfred Rambaud.

Inventaire analytique des archives du Ministère des Affaires étrangères, *publié sous les auspices de la Commission des Archives diplomatiques* (Entrepris en 1885. Comprend actuellement 6 volumes in-8° raisin, dus à MM. Jean Kaulek, Germain Lefèvre-Pontalis et Louis Farges.)

Éditions ne faisant point partie des collections précédentes. — *Lavoisier*, par Ed. Grimaux (illustré). — *L'Académie des sciences*, par E. Maindron (illustré). — *La Physiographie*, par Huxley (illustré). — *Les Récifs de corail*, par Darwin (illustré). — *L'Age de pierre et l'âge de bronze*, par J. Evans (2 vol. illustrés). — *La Grande Chirurgie de Guy de Chauliac*, revue et collationnée sur les manuscrits et imprimés latins et français, par E. Nicaise (illustré). — Œuvres complètes d'EDGAR QUINET (30 volumes). — Nombreux ouvrages d'anthropologie, d'ethnographie, de sciences diverses, de philosophie et d'histoire, sur le magnétisme, l'hypnotisme et les sciences occultes.

Enseignement secondaire. — *Cours d'histoire*, dirigé par M. G. Monod. 8 volumes publiés avec le concours de MM. Bondois, Bougier, Dhombres, Guiraud, Lacour-Gayel et Normand. — *Cours de géographie*, par M. Bougier. — *Cours de mathématiques élémentaires*, par MM. Combette, Caron, Porchon et Rebière. — *Cours de mathématiques*, par M. Porchon. — *Cours de sciences physiques et naturelles*, par MM. Belzung, Dufet, Lefebvre, Le Noir et Le Monnier. — Collection des auteurs français, latins et grecs, devant être expliqués dans la classe de philosophie. — *Cours de philosophie*, par M. Boirac. — *La dissertation philosophique*, par M. Boirac.

Bibliothèque utile. — Encyclopédie populaire. 107 volumes en partie illustrés, consacrés à l'histoire, à la géographie, à l'économie politique, aux sciences pures et appliquées, à la philosophie et au droit.

Publications Périodiques

Revue philosophique de la France et de l'Étranger, dirigée par Th. Ribot, professeur au Collège de France, fondée en 1876, mensuelle.

Revue historique, dirigée par G. Monod, maître de conférences à l'École normale supérieure, fondée en 1876, bimestrielle.

Annales de l'École libre des sciences politiques. *Comité de rédaction :* MM. Émile Boutmy, Léon Say, de Foville, Stourm, A. Ribot, Alix, L. Renault, André Lebon, Albert Sorel, Vandal, Aug. Arnauné, fondées en 1886, trimestrielles.

Annales des sciences psychiques, recueil d'observations et d'expériences, dirigé par le Dr Dariex, fondé en 1891, bimestriel.

Revue de médecine, dirigée par MM. les professeurs Bouchard, Charcot, Chauveau, Landouzy et Lépine, fondée en 1877, mensuelle (illustrée).

Revue de chirurgie, dirigée par MM. les professeurs Ollier, Verneuil, Nicaise et F. Terrier, fondée en 1877, mensuelle (illustrée).

Revue mensuelle de l'École d'anthropologie, publiée par les professeurs, fondée en 1891, mensuelle, avec gravures dans le texte et planches hors texte.

Congrès français de chirurgie, procès-verbaux, mémoires et discussions, publiés sous la direction du Dr Pozzi, secrétaire général; fondé en 1885, annuel (illustré).

Recueil d'ophtalmologie, dirigé par le Dr Galezowski, fondé en 1872, mensuel (illustré).

Journal de l'anatomie et de la physiologie de l'homme et des animaux, fondé par le professeur Charles Robin, en 1864, dirigé par les professeurs G. Pouchet et Mathias Duval, bimestriel, avec figures dans le texte et planches lithographiées hors texte.

9791. — Imprimeries réunies, 2, rue Mignon. — Paris.

LIBRAIRIE CLASSIQUE EUGÈNE BELIN

IMPRIMERIE

LIBRAIRIE

BELIN FRÈRES

ÉDITEURS

STÉRÉOTYPIE

CARTONNAGE

RUE DE VAUGIRARD, 52, PARIS

L'imprimerie Belin, brevetée, existait déjà à la fin du siècle dernier. Les documents ne permettent pas de déterminer la date précise de sa fondation.

La librairie classique Eugène Belin, brevetée, fondée en 1847, s'occupe exclusivement de livres correspondant à tous les degrés de l'enseignement. Son imprimerie, située à Saint-Cloud, et ses ateliers de cartonnage lui permettent d'apporter à la partie matérielle de son œuvre tous les soins que mérite le public des jeunes élèves auquel elle est destinée.

Ses efforts constants pour livrer à des conditions extrêmes de bon marché des ouvrages d'une exécution irréprochable, lui ont valu, entre autres récompenses importantes, le diplôme d'honneur à l'Exposition universelle d'Anvers, 1885, et le grand prix à l'Exposition universelle à Paris, en 1889.

Les publications de la Maison Belin se composent d'ouvrages répondant à tous les programmes officiels : *enseignement primaire, élémentaire et supérieur ; enseignement secondaire classique ; enseignement secondaire moderne ; enseignement secondaire des jeunes filles.*

Aucune des parties de ces différents programmes n'a été négligée. Les maîtres de l'enfance les plus compétents ont donné une série d'ouvrages pour les cours français, depuis l'école maternelle jusqu'à l'école primaire supérieure et aux écoles normales; la collection complète des auteurs français, latins et grecs, exigés par les programmes, a été publiée avec la collaboration des membres les plus distingués de l'Université; les textes annotés au point de vue grammatical, littéraire et historique, sont précédés ou suivis de notices ou d'études littéraires ou biographiques, et leur impression en gros caractères, nets et bien lisibles, en facilite l'intelligence et en permet l'étude, sans fatigue, de la part de nos jeunes élèves.

Nous donnons ci-contre la liste de quelques spécimens d'ouvrages édités, imprimés et cartonnés par la Maison Belin.

ENSEIGNEMENT PRIMAIRE ÉLÉMENTAIRE ET SUPÉRIEUR

Lecture; Écriture; Récitation.

CHRISTIAENS et ARNOLD. — Nouvelle Méthode pour l'enseignement simultané de la lecture, l'écriture et l'orthographe. *Premier livret.* In-16, piq. » 25
— *Deuxième livret.* In-16, piq. » 35
LEGRAND. — Le Premier Livre de lecture, d'écriture et d'orthographe. *Cours élémentaire. Premier semestre.* In-16, cart. » 60
— *Deuxième semestre.* In-16, c. » 60
BRUNO. — Instruction morale et leçons de choses civiques. In-16, cart. » 60
— Premier Livre de lecture et d'instruction pour l'enfant. In-16, cart. » 60
— Livre de lecture et d'instruction pour l'adolescent. In-16, cart. » 60
— Les Enfants de Marcel. In-12, c. 1 30

— Le Tour de la France. In-12, c. 1 30
— Francinet. In-12, cart. 1 50
FLAMENT. — Méthode d'écriture française. 11 cahiers. Le cent. 9 »
— Méthode simplifiée d'écriture française. 3 cahiers. Le cent. 9 »
LEBAIGUE. — Le Livre de l'école. *Classe enfantine.* In-12, cart. » 50
— *Cours préparatoire.* In-12, cart. » 65
— *Cours élémentaire.* In-12, cart. » 80
— *Cours moyen.* In-12, cart. 1 25
— *Cours supérieur.* In-12, cart. 1 60
LEBAIGUE. — Pour nos filles. *Cours élémentaire.* In-12, cart. » 65
— *Cours moyen.* In-12, cart. » 80
— *Cours supérieur.* In-12, cart. 1 25

Grammaire; Dictionnaire.

LECLAIR et ROUZÉ. — Grammaire de l'enfance. In-16, cart. » 50
— Grammaire française. *Cours élémentaire.* In-12, cart. » 75
— *Cours moyen.* In-12, cart. 1 25
— *Cours supérieur.* In-12, cart. 1 80

— Le Style en action. In-16, cart. » 75
— Cours de composition et de style. In-12, cart. 1 60
BÉNARD. — Dictionnaire classique universel, *illustré.* In-18, cart. 2 60
— Relié en toile pleine. 3 20

Histoire; Géographie.

BLANCHET et PINARD. — Cours d'histoire à l'usage de l'enseignement primaire. (Voir notre catalogue.)
BLANCHET. — Cours complet d'histoire à l'usage des écoles normales (voir notre catalogue).

DUNON et LACROIX. — Atlas, avec texte. *Cours élémentaire.* In-4º, cart. » 90
— *Cours moyen.* In-4º, cart. 1 30
— *Cours supérieur.* In-4º, cart. 2 »

Sciences.

ANDRÉ (Désiré). — L'Arithmétique des classes enfantines. In-16, cart. » 60
— Arithmétique des écoles primaires. *Cours élémentaire.* In-12, cart. » 90
— *Cours moyen.* In-12, cart. 1 50
— *Cours supérieur.* In-12, cart. 2 »

GRIPON. — Éléments des sciences physiques et naturelles. *Cours moyen.* In-12, cart. 1 10
— *Cours supérieur.* In-12, cart. 1 80
PAVETTE. — Notions élémentaires d'agriculture, d'horticulture et d'arboriculture. In-12, cart. 1 »

Dessin. — Chant.

DARCHEZ. — Nouveaux Exercices de dessin
à main levée. *Cours élémentaire.* Sept
cahiers. Le cahier.   » 10
— *Cours moyen.* Dix cahiers. Le cah. » 10
— *Cours supérieur et complémentaire.*
In-4º, br.   4 50
— Choix de modèles de dessin. Un cahier
de 48 pages.   » 60

— Cours de dessin géométrique. *Première
partie.* In-4º, br.   3 »
— *Deuxième partie.* In-4º, br.   4 »
HAECK. — Méthode de musique vocale.
Cours élémentaire. In-8º, cart.   1 »
— *Cours moyen.* In-8º, cart.   2 »

ENSEIGNEMENT SECONDAIRE CLASSIQUE ET MODERNE
ENSEIGNEMENT DES JEUNES FILLES

Langue française.

CROUSLÉ. — Petite Grammaire française.
In-12, relié toile.   1 »
— Grammaire française. *Cours élémen-
taire.* In-12, relié toile.   » 90
— *Cours moyen.* In-12, relié toile.   1 »
— *Cours supérieur.* 1 vol. in-12, relié
toile.   2 50
HENRY. — Cours de style et de composi-
tion. In-12, cart.   2 50
— Cours critique et historique de littéra-
ture. In-12, cart.   3 50
— Histoire des littératures grecque, la-
tine et française. In-12, cart.   3 50
— Les Auteurs français (études histo-
riques et littéraires). In-12, br.   4 »
LEBAIGUE. — Morceaux choisis pour toutes

les classes de l'enseignement secondaire
classique et moderne, et de l'enseignement des jeunes filles. (Voir notre catalogue.)
JACQUINET (P.). — Lettres choisies du
xviiᵉ siècle. In-12, cart.   2 50
— Les Femmes de France, poètes et prosateurs. In-12, br.   4 50
LANNÉ (J.). — Choix de lettres du xviiiᵉ
siècle. In-12, cart.   2 50
Collection complète des auteurs français,
avec notes : Boileau, Bossuet, Corneille,
Fénelon, La Fontaine, Molière, Racine,
Rousseau, Voltaire, etc. (Voir notre
catalogue.)

Langue latine.

LEBAIGUE. — Dictionnaire latin-français.
In-8º, relié toile.   5 50
LECLAIR et FEUILLET. — Nouvelle Gram-
maire latine abrégée. In-8º, cart.   1 60
— Nouvelle Grammaire latine complète.
In-8º, cart.   3 »
EDON. — Petite Grammaire latine. In-12,
cart.   1 25
— Eléments de grammaire latine. In-12,
cart.   2 »

ROUZÉ. — Petite Grammaire latine. In-12,
cart.   2 »
— Nouvelle Grammaire latine. In-12, rel.
toile.   2 50
Exercices, thèmes et versions correspondant à ces diverses grammaires. (Voir
notre catalogue.)
Collection complète des auteurs latins,
avec notes : César, Cicéron, Cornélius,
Horace, Ovide, Salluste, Tite Live, Vir-
gile, etc. (Voir notre catalogue.)

Langue grecque.

PESSONNEAUX (Em.). — Dictionnaire grec-
français. In-8º, rel. toile.   13 »
LECLAIR et FEUILLET. — Nouvelle Gram-

maire grecque abrégée. In-8º, c.   1 60
— Nouvelle Grammaire grecque complète.
In-8º, cart.   3 »

Exercices, thèmes et versions. (Voir notre catalogue.)
Collection complète des auteurs grecs, avec notes : Babrius, Démosthène, Ésope, Hérodote, Homère, Lucien, Platon, Plutarque, Sophocle, Xénophon, etc. (Voir notre catalogue.)

Langue anglaise.

Leclair et Sévrette. — Petite Grammaire anglaise. In-12, cart.   » 75
— Grammaire anglaise. *Cours élémentaire.* In-12, cart.   1 50
— Grammaire complète. In-12, cart. 1 80
— Exercices sur la Grammaire complète. In-12, cart.   2 »
Sévrette. — Cours pratique de langue anglaise. *Cours préparatoire.* In-12, cart.   1 »
— Recueil de morceaux choisis. *Cours inférieur.* In-12, cart.   1 25

— *Cours moyen.* In-12, cart.   2 50
— *Cours supérieur*, 1re partie. In-12, cart.   1 50
— *Cours supérieur.* 2o partie. In-12, cart.   3 »
Guesy. — Guide to the study of the english authors. In-12, rel. toile.   1 »
Collection d'auteurs anglais, avec notes : Dickens, Edgeworth, Franklin, Goldsmith, Shakespeare, Walter Scott, etc. (Voir notre catalogue.)

Langue allemande.

Cottlen. — Grammaire élémentaire. In-12, cart.   1 »
— Exercices sur cette grammaire. In-12, cart.   1 50
— Cours complet de langue allemande : leçons élémentaires, thèmes, morceaux choisis, lectures. (Voir notre catalogue.)
Collection d'auteurs allemands, avec notes : Benedix, Gœthe, Krummacher, Lessing, Schiller, Schmid, etc. (Voir notre catalogue.)

Histoire et Géographie.

Blanchet. — Cours d'histoire pour les classes de l'enseignement secondaire classique et moderne et de l'enseignement secondaire des jeunes filles. (Voir notre catalogue.)
Pigeonneau. — Cours complet de géographie pour toutes les classes de l'enseignement secondaire classique et moderne et de l'enseignement secondaire des jeunes filles. (Voir notre catalogue.)

Lanier. — Lectures de géographie. *L'Europe.* In-12, br.   7 »
— *L'Afrique.* In-12, br.   6 50
— *L'Amérique.* In-12, br.   4 »
— *L'Asie.* 1re partie. In-12, br.   4 »
— *L'Asie.* 2e partie. In-12, br.   6 50
Drioux et Lenoy. — Atlas universel. 97 cartes. In-f° demi-jésus, rel. demi-basane.   12 50

Sciences.

Burat. — Traité d'arithmétique. In-8°, br.   4 80
— Traité d'algèbre. In-8°, br.   6 50
Bos. — Eléments de trigonométrie. In-8°, br.   3 50
Guipon. — Cours complet de physique. In-12, br.   5 50

Isambert. — Précis de chimie. In-12, cart.   3 »
Daguillon. — Notions de zoologie. *Classe de sixième.* In-12, cart.   2 60
— Notions de botanique. *Classe de cinquième.* In-12, cart.   1 50

Notre catalogue général sera envoyé franco à toute personne qui en fera la demande.

Exposition du Livre à Amsterdam

IMPRIMERIE & LIBRAIRIE CENTRALES DES CHEMINS DE FER

IMPRIMERIE CHAIX

SOCIÉTÉ ANONYME AU CAPITAL DE CINQ MILLIONS DE FRANCS

Rue Bergère, 20, PARIS

L'ÉTABLISSEMENT qui porte le nom d'*Imprimerie et Librairie centrales des chemins de fer* a été fondé en 1845, par M. NAPOLÉON CHAIX, dans le but de centraliser les travaux d'impression des Compagnies de chemins de fer et des grandes Sociétés financières et industrielles, ainsi que les publications relatives à l'exploitation commerciale des voies ferrées. Constituée d'abord sous le régime de la commandite, l'Imprimerie Chaix a été, en 1881, transformée en Société anonyme. Elle comprend aujourd'hui : l'établissement principal de la rue Bergère, qui est en même temps le siège social de l'entreprise ; — les ateliers de Saint-Ouen (succursale A), situés près des fortifications de Paris ; — l'imprimerie administrative de la Sainte-Chapelle (succursale B), où s'impriment les modèles nécessaires aux divers services de la Préfecture de Police.

Le Directeur actuel, M. Alban Chaix, a succédé, en 1888, à son père, qui avait dirigé l'établissement depuis la mort du fondateur, et qui s'est retiré des affaires.

Douze cents employés et ouvriers environ sont occupés dans les deux services de l'Imprimerie et de la Librairie.

L'outillage se compose : d'une force motrice de 173 chevaux; de 92 presses à imprimer, typographiques ou lithographiques, mues par la vapeur; de 35 presses à bras; de 122 machines et engins mécaniques divers pour la fonte des caractères, la fabrication des encres, la lithographie, la gravure, le glaçage et le satinage, la réglure, le numérotage, la reliure, etc.

L'Imprimerie et la Librairie centrales des chemins de fer sont principalement connues à l'étranger par leurs publications relatives aux transports sur les voies ferrées, ainsi que pour la fabrication des titres d'actions, d'obligations, etc.

Les institutions destinées à améliorer, par l'instruction et par l'épargne, les conditions d'existence des employés et des ouvriers sont nombreuses dans l'Établissement. Nous citerons notamment :

L'École professionnelle d'apprentis, où 90 enfants et jeunes gens reçoivent un enseignement technique complet, et en même temps un enseignement scolaire destiné à développer l'instruction qu'ils ont acquise à l'école primaire.

Des mesures spéciales d'hygiène y sont appliquées pour conserver et fortifier la santé des apprentis ;

Les assurances en cas d'accidents, contractées aux frais de la Maison, et garantissant aux apprentis et anciens apprentis blessés dans le travail une rente viagère de 250 à 400 francs par an ;

Les assurances en cas de décès, dont l'Établissement fait également les frais, et qui garantissent aux parents de l'apprenti décédé un capital de 500 francs ;

Les mesures de préservation contre les accidents, qui consistent en appareils de différents genres, au nombre de plus de cinq cents, adaptés aux machines, aux courroies, aux transmissions, etc;

Une *Société de secours mutuels*. Les secours distribués par cette Société depuis 1846 s'élèvent à la somme de 358,968 francs.

Une *Caisse de participation aux bénéfices et de retraite* pour les employés, ouvriers et ouvrières, fondée en 1871. Un prélèvement de 15 o/o est fait annuellement sur les bénéfices de la Maison, pour être distribué aux employés et ouvriers qui ont trois ans de service dans l'Établissement, en proportion du montant de leurs appointements ou de leurs salaires. Les sommes ainsi réparties, depuis l'année 1871 jusqu'au 31 décembre 1891, s'élèvent à plus d'un million de francs.

Une *Caisse de répartition des bénéfices spéciale aux apprentis* formée dans le but de partager, entre les élèves compositeurs, une portion des bénéfices réalisés sur les travaux qu'ils ont exécutés. Le total des sommes distribuées depuis 1869 se monte au chiffre de 27,062 francs.

Une *Caisse de retraite pour les apprentis* de tous les services, constituée au moyen d'un don annuel de 15 francs fait par M. Chaix à chaque apprenti ou ancien apprenti. Cette Caisse peut produire une rente d'environ 400 francs à l'âge de cinquante-cinq ans. Les fonds qui y ont été versés depuis 1869, s'élèvent à la somme de 39,128 francs.

Une *Caisse d'Épargne scolaire,* dans laquelle les apprentis ou anciens apprentis font des versements facultatifs qui sont déposés en leur nom à la Caisse d'Épargne de Paris. M. Chaix fait un don de 2 francs à tout nouvel adhérent. Ces économies faites spontanément par les apprentis se montent à la somme de 60,952 francs.

Caisse de retraite volontaire créée pour faciliter aux anciens apprentis devenus ouvriers les moyens de placer leurs économies personnelles. Tout le personnel de l'Établissement est admis à profiter de la même facilité. Le capital ainsi épargné se monte à la somme de 139,716 francs.

NOMENCLATURE DES OBJETS EXPOSÉS

IMPRIMERIE

SPÉCIMENS D'ACTIONS ET D'OBLIGATIONS.

SPÉCIMENS D'AFFICHES ARTISTIQUES exécutées dans les ateliers que dirige M. Jules CHÉRET.

LIBRAIRIE

PUBLICATIONS OFFICIELLES SUR LES CHEMINS DE FER
PUBLICATIONS SPÉCIALES AUX VOYAGES

L'INDICATEUR-CHAIX, paraissant tous les huit jours (43ᵉ année).

LIVRET-CHAIX continental, Guide des voyageurs sur tous les réseaux étrangers, avec Carte coloriée de l'Europe et Guide-sommaire dans les principales villes, paraissant tous les mois. (46ᵉ année).

LIVRET-CHAIX spécial pour la france, avec Cartes de la France et de l'Algérie, et Guide sommaire dans les principales villes, paraissant tous les mois (46ᵉ année).

LIVRETS-CHAIX SPÉCIAUX des cinq grands réseaux français (Ouest, — Orléans, Midi, État, — Lyon, — Nord, — Est, avec Carte; paraissant tous les mois.

LIVRET SPÉCIAL DE L'ALGÉRIE ET DE LA TUNISIE avec Carte imprimée en deux couleurs.

LIVRET-CHAIX DES ENVIRONS DE PARIS, avec 10 Plans coloriés, paraissant tous les mois.

LIVRET-CHAIX DES RUES DE PARIS, avec Plans de Paris et des théâtres.

LIVRETS-CHAIX ILLUSTRÉS pour les voyages circulaires sur les chemins de fer de l'Ouest, d'Orléans, du Midi, de l'État, de Paris-Lyon-Méditerranée, du Nord, de l'Est, contenant la carte de chaque voyage; le prix des billets, les conditions des voyages, un guide sommaire dans les principales villes, etc.

NOUVEL ATLAS DES CHEMINS DE FER, composé de 20 cartes coloriées sur papier grand-aigle : France; réseaux du Nord, de l'Ouest, d'Orléans et de l'État, du Midi, de Paris-Lyon-Méditerranée, de l'Est; Corse, Algérie et Colonies; plans de Lille, de Bordeaux, de Lyon, de Marseille; environs de Paris; plan de Paris; Grande-Bretagne, Ecosse et Irlande; Espagne et Portugal; Italie et Suisse; Autriche-Hongrie; Allemagne; Danemark, Suède et Norvège; Russie septentrionale; Russie méridionale et chemin de fer transcaspien; Turquie d'Europe, Grèce, Roumanie, Serbie, Bulgarie.

CARTE SPÉCIALE DES CHEMINS DE FER DE L'EUROPE au 1/2.400.000, imprimée en deux couleurs sur 4 feuilles de papier grand-monde. (Largeur totale, 2ᵐ,15 ; hauteur, 1ᵐ,55.)

CARTE SPÉCIALE DES CHEMINS DE FER DE LA FRANCE au 1/800.000, imprimée en deux couleurs sur 4 feuilles de papier grand-monde. (Largeur totale; 2ᵐ,15 ; hauteur, 1ᵐ,55.)

NOUVELLE CARTE DES CHEMINS DE FER FRANÇAIS au 1/1.200.000, imprimée en deux couleurs et coloriée par réseaux. (Largeur, 1ᵐ,20 ; hauteur, 0ᵐ,90.)

PUBLICATIONS SPÉCIALES AUX TRANSPORTS

RECUEIL-CHAIX ou Recueil général des tarifs pour les transports à grande et à petite vitesse, paraissant tous les trois mois, avec Carte (34ᵉ année).

RECUEIL GÉNÉRAL DES TARIFS DES CHEMINS DE FER DE L'ALGÉRIE ET DE LA TUNISIE pour les transports à grande et à petite vitesse.

BULLETIN DES PROPOSITIONS ET DES HOMOLOGATIONS DE TARIFS, publié par le Ministère des Travaux publics, paraissant chaque semaine.

L'INDICATEUR DES EXPÉDITIONS par grande et petite vitesse (1ʳᵉ série). Tarifs alphabétiques *de* ou *pour* Paris, avec Carte.

BULLETIN ANNOTÉ des chemins de fer en exploitation, paraissant tous les deux mois.

TRAITÉ DU CONTRAT DE TRANSPORT. Un volume in-18.

LITIGES ET RÉCLAMATIONS en matière de transports, par Ernest Protat.

MANUEL DU COMMISSAIRE DE SURVEILLANCE ADMINISTRATIVE DES CHEMINS DE FER. Un volume in-18.

IMPRIMERIE

F. CHAMPENOIS

ANCIENNE MAISON TESTU ET MASSIN

Boul. S.-Michel, 66, et rue Auguste-Comte, 1 et 3

PARIS

IMPRIMERIE F. CHAMPENOIS

Ancienne Maison TESTU et MASSIN

Boul. St-Michel, 66, et r. Auguste-Comte, 1 et 3

A PARIS

L'industrie du livre a, dès les débuts de la chromolithographie, fait appel à ses procédés pour la vulgarisation des illustrations sous forme de couvertures, gravures dans le texte ou suppléments en couleur.

L'imprimerie Champenois a été l'une des premières à fournir aux éditeurs de France et de l'étranger un puissant contingent d'illustrations de toute nature, sous forme de gravures de luxe ou de primes à grand tirage. A Paris, les éditeurs Hachette, Firmin-Didot, Plon, Baschet, Rouff, etc.; à Londres et à Stuttgart, les grands journaux illustrés; à Philadelphie, l'éditeur Barrie, etc., etc., ont eu, à plusieurs reprises, recours à l'habileté de ses dessinateurs et à l'expérience de ses praticiens. Grâce à son puissant outillage, à ses vingt-quatre presses à vapeur, au talent des

meilleurs artistes et lithographes, la maison
Champenois a pu, depuis vingt-sept ans, abor-
der tous les genres d'illustration en couleurs,
depuis les simples figurines des paroissiens jusqu'aux tirages les plus importants des primes
des Magazines, mettant au service de l'industrie
du livre toutes les ressources de la chromolithographie d'art.

OUVRAGES EXPOSÉS

PORTRAIT DU PAPE LÉON XIII

REPRODUCTION DU TABLEAU DE CHARTRAN

Exécutée pour l'*Édition internationale du Portrait du Saint-Père.*

INTÉRIEUR DE BIBLIOTHÈQUE

*Planche faisant partie d'une série éditée pour la maison
Barrie, de Philadelphie.*

(Monographie de l'hôtel et des collections Van der Bilt)

PLANCHES DE BOTANIQUE

Éditées pour le *Dictionnaire de Botanique* de la librairie Hachette.

IMPRIMERIE F. CHAMPENOIS

PRIMES HORS TEXTE

Éditées pour la *Revue Illustrée*, publication Baschet.

L'HIVER,
FAR-NIENTE, } d'après Jean Van Beers.

LE PRINTEMPS

Tête de jeune fille

Éditée comme sujet de Calendrier-Étrennes.

FAC-SIMILÉS D'AQUARELLES

D'après les originaux de Weber, Linder, etc.

SUJETS POUR ÉPHÉMÉRIDES

OU CALENDRIERS

Imprimé sur papier des *Papeteries du Marais*
par D. Dumoulin et Cⁱᵉ.

PANDECTES FRANÇAISES
—
MÉDAILLES D'ARGENT

Paris 1878 — Anvers 1885
Paris 1889

LIBRAIRIE MARESCQ AÎNÉ

CHEVALIER-MARESCQ & CIE

ÉDITEURS

PARIS — 20, rue Soufflot — PARIS

CODES RIVIÈRE
—
MÉDAILLES D'ARGENT

Paris 1878 — Anvers 1885
Paris 1889

Extrait du Catalogue

PANDECTES FRANÇAISES

NOUVEAU RÉPERTOIRE

DE DOCTRINE, DE LÉGISLATION ET DE JURISPRUDENCE

PUBLIÉ SOUS LA DIRECTION DE

M. RIVIÈRE

CONSEILLER A LA COUR DE CASSATION

Avec la collaboration de MM. :

Accarias, conseiller à la Cour de cassation.
Aubépin, président du Tribunal civil de la Seine.
Aubertin, conseiller à la Cour d'appel d'Aix.
Ballot-Beaupré, conseiller à la Cour de cassation.
Barbier, premier président honoraire de la Cour de cassation.
Beauchet, professeur à la Faculté de droit de Nancy.
Bernard, conseiller à la Cour de cassation.
Berton, conseiller à la Cour d'appel d'Orléans.
Blanche (Alfred), ancien conseiller d'Etat.
Boutmy, membre de l'Institut, directeur de l'*École libre des sciences politiques.*
Buchère, conseiller honoraire à la Cour d'appel de Paris.
Cabouat, professeur à la Faculté de droit de Caen.
Châtel, professeur à la Faculté de droit de Rennes.
Chaufton, avocat au Conseil d'Etat et à la Cour de cassation.
Colmet de Santerre, membre de l'Institut, doyen de la Faculté de droit de Paris.
Dauphin, sénateur, ancien ministre des finances.
Devès, sénateur, ancien garde des sceaux.
Duboin, procureur général près la Cour d'appel de Grenoble.
Dufraisse, avocat à la Cour d'appel de Paris, directeur du *Journal des tribunaux de commerce.*
Fabreguettes, premier président de la Cour d'appel de Toulouse.
Falateuf (Oscar), ancien bâtonnier de l'ordre des avocats à la Cour d'appel de Paris.
Falcimaigne, directeur des affaires civiles et du sceau au ministère de la justice.
Faure (Fernand), professeur à la Faculté de droit de Paris.

Féraud-Giraud, conseiller à la Cour de cassation.
Flamand, avocat, rédacteur en chef du journal *la Loi.*
Fourcade, premier président de la Cour d'appel de Lyon.
Garnier, conseiller-maître honoraire à la Cour des comptes.
Guillouard, professeur à la Faculté de droit de Caen.
Horteloup, conseiller à la Cour d'appel de Paris.
Houyvet, premier président de la Cour d'appel de Caen.
Hugues, conseiller à la Cour d'appel d'Alger.
Lainé, professeur agrégé à la Faculté de droit de Paris.
Lavollée (René), ancien consul général de France.
Lefebvre, professeur à la Faculté de droit de Paris.
Liotard-Vogt, directeur général de l'enregistrement et des domaines.
Louis-Lucas, professeur adjoint à la Faculté de droit de Dijon.
Maillet, premier président de la Cour d'appel de Dijon.
Marignan, conseiller à la Cour de cassation.
Mulle, conseiller à la Cour d'appel de Paris.
Muteau, conseiller à la Cour d'appel de Paris.
Oger du Rocher, premier président de la Cour d'appel de Limoges.
Pallain, conseiller d'Etat, directeur général des douanes.
Périvier, premier président de la Cour d'appel de Paris.
Pouillet, avocat à la Cour d'appel de Paris.
Ruben de Couder, conseiller à la Cour de cassation.
Serre, premier président de la Cour d'appel de Nancy.
Serres de Gauzy, avocat, ancien magistrat.
Villey (E.), doyen de la Faculté de droit de Caen.
Weiss, professeur agrégé à la Faculté de droit de Paris.

MODE DE PUBLICATION

Les **Pandectes françaises** se publient en volumes de 800 pages in-4°, imprimés sur deux colonnes, sur beau papier.

Le prix pour les souscripteurs à la Collection est de

Le volume broché, **20 fr.** ; relié . . . . **23 fr.**

Pour les non-souscripteurs

Le volume broché, **25 fr.** ; relié . . . . **28 fr.**

BRAVARD-VEYRIÈRES et DEMANGEAT. — Traité de Droit commercial, cours professé à la Faculté de droit de Paris, par M. BRAVARD-VEYRIÈRES, publié, annoté et comparé, par M. DEMANGEAT, conseiller à la Cour de cassation, professeur honoraire à la Faculté de droit de Paris. 6 vol. in-8°. Prix . . . . **57 fr.**

BÉDARRIDE (G¹. — **Traité du dol et de la fraude,** en matière civile et commerciale, revu et annoté par H.-F. RIVIÈRE, conseiller à la Cour de cassation. 4ᵉ édition. 4 vol. in-8°. Prix. **36 fr.**

— **Des Chemins de fer** au point de vue du transport DES VOYAGEURS ET DES MARCHANDISES. Nouvelle édition. 2 vol. in-8°. Prix. . . **18 fr.**

BERTHEAU (Ch.), *docteur en droit, conseiller à la Cour d'appel de Bourges.* — **Essai sur les lois de la population.** Un vol. in-8°. Prix. . . . **6 fr.**
(Ouvrage couronné par l'Académie des sciences morales et politiques.)

CHAUFTON (Albert), *docteur en droit, avocat au Conseil d'État et à la Cour de cassation.* — **Les Assurances,** leur passé, leur présent, leur avenir, au point de vue rationnel, technique et pratique, moral, économique et social, financier et administratif, légal, législatif et contractuel EN FRANCE ET A L'ÉTRANGER. Études théoriques et pratiques sur l'assurance sur la vie, l'assurance contre les accidents, l'assurance contre l'incendie, l'assurance contre les risques de transports maritimes et terrestres, l'assurance contre la grêle, l'assurance contre la mortalité du bétail. 2 forts vol. in-8°. Prix. . . . . **24 fr.**
(Ouvrage couronné par l'Institut, prix Léon Faucher.)

DURAND (Louis), *avocat à la Cour d'appel de Lyon.* — **La Philosophie du Droit,** par DIODATO-LIOY, ouvrage traduit de l'italien avec l'autorisation de l'auteur, avec une préface par Louis DURAND et Jean TERREL, docteurs en droit. Un fort vol. in-8°. Prix. . . . . **10 fr.**

— **Le Crédit agricole en France et à l'Étranger.** Un vol. in-8°. Prix. . . . . **10 fr.**

FABREGUETTES, *premier Président de la Cour d'appel de Toulouse.* — **Traité des infractions de la parole, de l'écriture et de la presse,** renfermant, avec le dernier état de la jurisprudence, le commentaire général et complet des lois du 29 juillet 1881, 2 août 1882, du projet de loi voté en deuxième lecture le 16 février 1884, ainsi que tous les textes du Code pénal ou des lois spéciales se rattachant aux délits et contraventions de l'écriture, de la parole et de la presse. 2 forts vol. in-8°. Prix. . . . . **18 fr.**

FIORE (Pasquale), *professeur à l'Université de Naples, membre de l'Institut de Droit international.* — **Organisation juridique de la Société des États.** — Le Droit international codifié et sa sanction juridique, suivi d'un résumé historique des principaux traités internationaux, traduit de l'italien par A. CHRÉTIEN, professeur à la Faculté de droit de Nancy. Un fort vol. in-8° cavalier. Prix. . . . . **10 fr.**

JHÉRING (R. Von), *professeur ordinaire à l'Université de Gœttingen.* — **L'Esprit du Droit romain** dans les diverses phases de son développement, traduit sur la 3ᵉ édition avec l'autorisation de l'auteur, par O. DE MEULENAERE, conseiller à la Cour d'appel de Gand. 3ᵉ édition. 4 forts vol. in-8°. Prix. . . . . **40 fr.**

Cᵗᵉ DE MAILLARD DE MARAFY, *président des comités consultatifs de législation de l'UNION DES FABRICANTS.* — **Grand Dictionnaire international de la propriété industrielle,** au point de vue du nom commercial, des marques de fabrique et de commerce et de la concurrence déloyale, contenant les lois, la jurisprudence et les conventions de réciprocité de tous les pays, commentées et comparées, à l'usage des administrations publiques, des jurisconsultes et du commerce. 6 forts vol. in-8° jésus. Prix. . . . . **200 fr.**

(Ouvrage honoré des souscriptions du Ministère des affaires étrangères, du Ministère du commerce, de l'industrie et des colonies, du Ministère de la justice et des cultes, etc.)

MARTENS (F. de), *professeur à l'Université de Saint-Pétersbourg.* — **Traité de droit international,** traduit du russe par Alfred LÉO. 3 forts vol. in-8°. Prix. . . . . **27 fr.**

REVUE INTERNATIONALE DU DROIT MARITIME, recueil de jurisprudence, de doctrine et de législation comparée, publiée par E.-F.-C. AUTRAN, docteur en droit, avocat au barreau de Marseille, paraissant tous les deux mois par livraisons de 6 ou 8 feuilles in-8° et formant à la fin de l'année un fort volume terminé par quatre tables : tables des articles, analytique et bibliographique. Les abonnements partent du 1ᵉʳ juillet de chaque année. Prix de l'abonnement pour un an : France et Union postale. . **15 fr.**

REVUE DES GRANDS PROCÈS CONTEMPORAINS, paraissant mensuellement sous la direction de M. G. LÈBRE, avocat à la Cour d'appel de Paris. Abonnement d'un an : France, 15 fr.; Union postale. . . . . **16 fr. 50**

Les neuf années parues, formant neuf beaux vol. in-8° jésus, se vendent 15 fr. chacune.

PARIS. — TYP. DE E. PLON, NOURRIT ET Cⁱᵉ, RUE GARANCIÈRE, 8.

Géographie :

FONCIN. **Géographie générale.** 112 cartes. 1 vol. in-4°, rel. toile........ **12** »
FONCIN. **Géographie historique.** 48 cartes. 1 vol. in-4°, relié toile....... **7 50**
VIDAL DE LA BLACHE ET CAMENA D'ALMEIDA. **La Terre, l'Amérique.** 1 vol. in-18 jésus, relié toile... » »
— **L'Asie, l'Océanie, l'Afrique.** 1 vol. in-18 jésus, relié toile............. **3 25**
CARTES MURALES VIDAL-LABLACHE. 1re série : **France et cinq parties du Monde.** Collection de 24 cartes, double face, sur carton. Prix de chaque carte. **6 50**
    2e série : **contrées d'Europe.** Collection de 11 cartes, double face, sur carton ; trois sont en vente :
      Belgique physique et agricole, politique et industrielle........... **6 50**
      Suisse physique et agricole, politique et industrielle............. **6 50**
      Allemagne physique et agricole, politique et industrielle........ **6 50**
ATLAS VIDAL-LABLACHE. **Historique et géographique.** 137 cartes en couleur (23 cartes de géographie physique, 52 cartes de géographie politique, 47 cartes de géographie historique, 5 cartes géologiques, 10 cartes économiques). 248 cartons en couleur. Notices explicatives, choix gradué de caractères, extrême lisibilité, index de 40 000 noms. 24 livraisons à........... **1 25**
    L'Atlas complet (en souscription).............................. **30** »

Lectures pour l'Enfance et l'Adolescence :

Bibliothèque du *Petit Français*

Le volume in-18 jésus, illustré, broché, **2 fr.** ; relié toile, tranches dorées, **3 fr.**

MALASSEZ (J.). **Journées de deux petits Parisiens, Jacques et Juliette.**
BLANDY (S.). **La Teppe aux Merles.**
JARRY (J.). **Historiettes pour Pierre et Paul, Alger, la Puysaie, le Nord.**
LAMY (G.). **Voyage du Novice Jean-Paul à travers la France d'Amérique.** *Ouvrage couronné par l'Académie des sciences morales et politiques.*
VARIGNY (C. DE) **Voyage du Matelot Jean-Paul en Australie.**
PASCAL (EDM.). **Robert le Diable et Cie.**

HALT (MARIE-ROBERT). **Jacques la Chance et Jean la Guigne.**
LAMY (G.). **Princesse Sarah.**
P. D. **Histoire de deux enfants de Londres.**
MAGBERT. **Histoire véridique d'un Vaurien.**
DELORME (MARIE). **Yves Kerhélo.**
NORMAND (CH.). **Six Nouvelles.**
ROBIDA (A.). **Kerbiniou le très madré.**
MAGBERT. **Les Lunettes bleues.**
NORMAND (CH.). **L'Émeraude des Incas.**
Jours d'épreuves. Nouvelles suédoises.

RAMBAUD. **Petite histoire de la Civilisation française.** 1 vol. in-12, relié toile, tranches dorées................................. **2 50**
MARCHAND (H.). **Tu seras Agriculteur.** 2e édit. 1 vol. in-12, rel. toile, tr. dor. **2 50**
    Ouvrage couronné par l'Académie française (Prix Montyon).
DELORME (MARIE). **Les petits cahiers de Madame Brunet.** 4e édition, 1 vol. in-12, relié toile, tranches dorées............................. **2 50**
NAUROUZE (JACQUES). **LES BARDEUR-CARBANSANE :** Récits historiques pour la jeunesse.
    I. **La mission de Philbert.** 1 vol. in-8, br., 7 fr. ; relié toile, tr. dor. **10** »
    II. **Frères d'armes.** 1 vol. in-8, broché, 7 fr. ; relié toile, tr. dorées.. **10** »
    III. **A travers la Tourmente.** 1 vol. in-8, br., 7 fr. ; relié toile, tr. dor. **10** »
DAVID-SAUVAGEOT. **Ennemis d'enfance.** 1 vol. in-8, br., 7 fr. ; rel. t., tr. dor. **10** »
DELORME (MARIE). **Contes du pays d'Armor.** 1 v. in-8, br., 7 fr. ; r. t., tr. d. **10** »

Nos Fleurs, *Plantes utiles et nuisibles,* par M. LECLERC DU SABLON, **144** figures en couleur, 350 figures en noir. 17 livraisons in-4°. Prix.................. » **75**
Prix de souscription à l'ouvrage complet (avec introduction table et titre). **12 50**

Professions et Métiers, *Guide pratique pour le choix d'une carrière,* publié sous la direction de M. P. JACQUEMART, Inspecteur général de l'Enseignement technique au Ministère du Commerce et de l'Industrie :
Tome Ier, Professions libérales. 1 vol. in-8°, broché.............. **10** »
Tome II, Professions manuelles, industrielles et commerciales. 1 vol. in-8°, broché.. **10** »

Bibliothèque de Romans historiques

Le volume in-18 jésus, broché, 3 fr. 50. — Exemplaire sur Hollande, 8 fr.

AUGUSTIN-THIERRY (GILBERT). **Le Capitaine Sans-Façon** (1813). 4ᵉ édition. 1 vol. in-18 j., br. **3 50**

AUGUSTIN-THIERRY (GILBERT). **La Savelli.** 9ᵉ édition. 1 vol. in-18 jésus, broché. **3 50**

GAUTIER (JUDITH). **La conquête du Paradis.** 4ᵉ édition. 1 vol. in-18 jésus, broché. **3 50**

CAHUN (LÉON). **Hassan le Janissaire** (1516). 2ᵉ édition. 1 vol. in-18 jésus, broché. **3 50**

BERTHEROY (JEAN). **Cléopâtre.** 1 vol. in-18 jésus, broché. **3 50**

AUVRAY (RICHARD). **Les gens d'Épinal** (1423-1444). 1 vol. in-18 jésus, broché. **3 50**

FILON (AUGUSTIN). **L'Élève de Garrick** (1780). 1 vol. in-18, jésus, broché. **3 50**

FLAUBERT (GUSTAVE). **Salammbô.** 1 vol. in-18 jésus, broché. **3 50**

MÉRIMÉE (PROSPER). **Chronique du règne de Charles IX.** 1 vol. in-18 jésus, broché. . . . **3 50**

GAUTIER (JUDITH). **La Sœur du Soleil.** 1 vol. in-18 jésus, broché. **3 50**

Ouvrage couronné par l'Académie française.

MEUNIER (Mᵐᵉ STANISLAS). **Le Roman du Mont Saint-Michel** (1364). 2ᵉ édit. 1 vol. in-18 jésus, br. **3 50**

VIGNY (ALFRED DE). **Cinq-Mars** ou *une Conspiration sous Louis XIII.* 1 vol. in-18 jésus, broché. . **3 50**

DARMESTETER (Mᵐᵉ JAMES), née MARY ROBINSON. **Marguerites du temps passé.** 1 v. in-18 j., br. **3 50**

Ouvrage couronné par l'Académie française.

DIEULAFOY (JANE). **Volontaire** (1792-1793). 4ᵉ édition. 1 vol. in-18 jésus, broché. **3 50**

CRAWFORD (F. MARION). **Zoroastre.** 1 vol. in-18 jésus, broché. **3 50**

Ouvrage couronné par l'Académie française.

Cᵗᵉ SALHIAS DE TOURNEMIRE. **Pougatcheff.** 1 vol. in-18 jésus, broché. **3 50**

AUGUSTIN-THIERRY (GILBERT). **La Bien-Aimée** (Récits de l'occulte). 2ᵉ édition 1 vol. in-18 jésus, broché. **3 50**

Terres cuites antiques trouvées en Grèce et en Asie Mineure (*Deuxième collection Camille Lecuyer*), texte par M. AUGUSTIN CARTAULT, professeur à la Sorbonne. Un album in-folio de 85 planches tirées en phototypie. . . . . . **120 »**

Terres cuites grecques, photographiées d'après les originaux des collections privées de France et des musées d'Athènes, texte par M. A. CARTAULT. 1 vol. in-4ᵉ de 29 planches tirées en phototypie. . . . . **25 »**

Périodiques :

LE PETIT FRANÇAIS ILLUSTRÉ, *Journal des Écoliers et des Écolières* (hebdomadaire). Abonnement : un an, France, 6 fr. ; Union postale, 7 fr. Forme chaque année un volume, broché, 6 fr. ; relié toile, tranches dorées. **9 »**

LE VOLUME, *Journal in-12 des maîtres* (hebdomadaire). Abonnement : un an, France, 6 fr. ; Union postale, 7 fr. « Le Volume » forme chaque année quatre volumes distincts : I. *Variétés.* II. *Études pédagogiques,* III. *Travaux scolaires,* IV. *Grands Écrivains.*

BULLETIN SCIENTIFIQUE, rédigé par M. E. LEBON, avec la collaboration d'une société de professeurs. (Mensuel.) Abonnement annuel (d'octobre), France, 6 fr. ; Union postale. . . . . **7 »**

REVUE UNIVERSITAIRE. Éducation, Enseignement, Hygiène, Administration, etc. (Mensuelle.) Abonnement annuel (de janvier), France, 10 fr. ; Union postale. . . . . **12 »**

REVUE INTERNATIONALE DE L'ENSEIGNEMENT, publiée par la *Société de l'Enseignement supérieur.* (Mensuelle.) Abonnement annuel (de janvier), France et Union postale. . . . . **24 »**

ANNALES DE GÉOGRAPHIE, publiées sous la direction de MM. VIDAL DE LA BLACHE et MARCEL DUBOIS. Paraissant quatre fois par an. Le numéro, 4 fr., — Abonnement annuel (du 15 octobre). France et Union postale. . . . . . **15 »**

ANNUAIRE de l'Enseignement primaire. 8ᵉ année, 1892. 1 vol. in-12, br. **2 »**

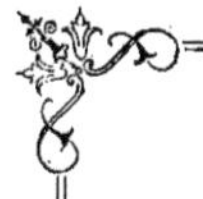

IMPRIMERIE

Administrative, Commerciale & Artistique

L. DANEL

A LILLE

Officier de la Légion d'honneur.

Médaille d'or de Paris 1878, Membre du Jury Amsterdam 1883,
Médaille d'or Paris 1889.

L'imprimerie L. Danel, qui subsiste sous la même forme depuis 1697, occupe 550 ouvriers. Elle a 43 presses mécaniques, 27 presses à bras et une fonderie de caractères.

En noir, elle a la spécialité des impressions pour chemins de fer, des travaux administratifs, scientifiques et des éditions de luxe.

La première en France, en 1841, elle introduisit l'impression en couleurs, dite à la congrève. Près de deux millions d'étiquettes

sortent actuellement par jour de ses ateliers, et, depuis quelques années, elle a fait des reproductions artistiques de reliures anciennes, de faïences et d'objets d'art.

Dans ces derniers temps, elle a donné un grand développement à ses ateliers de gravure et de photogravure.

OUVRAGES EXPOSÉS

CHARLES C... *Voyage dans un grenier.* 1 volume in-4 raisin. 1878. Édition à 300 fr. (Épuisé.)

CHARLES COUSIN. *Racontars illustrés d'un vieux collectionneur,* 2 volumes in-4 raisin. 1887. Édition à 500 fr. Tome premier et tome second.

DE ROTHSCHILD (James). *Catalogue des Livres* composant la bibliothèque de feu M. le baron James de Rothschild. 1 volume in-8 raisin. Tome premier.

DEHAISNES (M. le chanoine). *Histoire de l'Art dans la Flandre, l'Artois et le Hainaut,* avant le quinzième siècle. 1 volume in-4 raisin. 1886 . . . . 60 fr.

— *Documents et Extraits divers concernant l'Histoire de l'Art dans la Flandre, l'Artois et le Hainaut,* avant le quinzième siècle. Première partie : 627-1373. Seconde partie : 1374-1401. 2 vol. in-4 raisin. 1885. 80 fr.

MORGAND (Damascène). 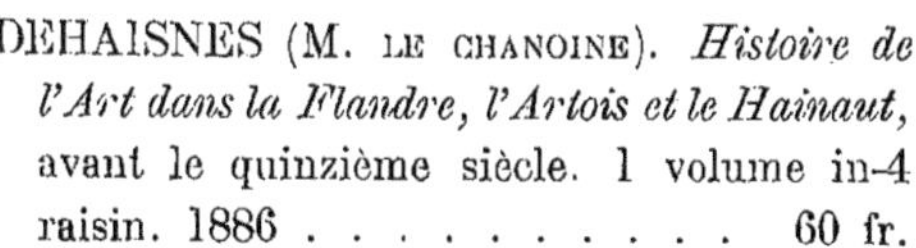 *Bulletin mensuel,* Librairie Damascène Morgand.

BÉRALDI (Henri). *Les Graveurs du XIXe siècle.* Guide de l'Amateur d'estampes modernes.

MAINDRON (Ernest). *Le Champ de Mars.* 1751-1889. 1 volume in-8 jésus. 1889. 12 fr.

VUILLEMIN (E.). *Le Bassin houiller du Pas-de-Calais.* Histoire de la recherche, de la découverte et de l'exploitation de la houille dans ce nouveau bassin. 3 volumes in-8  raisin, 1880, à 18 fr. chacun . . . 54 fr.

VAN HENDE. *Lille et ses Institutions communales*, de 620 à 1804, avec annotations et tables. 1 volume in-8 raisin (petit). 1888. · . . . . 10 fr.

HOUDOY (Jules). *Les Imprimeurs lillois.* Bibliographie des impressions lilloises. 1595-1700. 1 volume in-8 jésus. 1879. . . 25 fr.

ASSOCIATION

POUR

FAVORISER LES INTÉRÊTS DE LA LIBRAIRIE NÉERLANDAISE

EXPOSITION DE 1892

Les Créations typographiques de la Fonderie en Caractères de DEBERNY & Cie lui ont valu, à l'Exposition Universelle de Paris, en 1889, un GRAND PRIX, *la plus haute Récompense* accordée à cette Industrie.

Dans les pages qui suivent, on trouvera un résumé succinct de nouveaux types pour Labeurs et Travaux de Ville créés ou continués depuis cette époque.

CARACTÈRES ORDINAIRES (Série Nº 16)

Corps Neuf.

Les fictions les plus ingénieuses du poète ou du romancier seront toujours impuissantes à retracer le spectacle aérien qui frappe la vue de l'aéronaute ; les campagnes d'émeraude des *Mille et une Nuits*, les nuages d'argent des contes féeriques ne donnent qu'une faible... 250

BIBLIOTHÈQUE UNIVERSELLE

Qu'on se figure la voûte céleste, bleu foncé, couronnant ces scènes vraiment saisissantes ; qu'on se représente à l'horizon le soleil se cachant

Corps Onze.

Les fictions les plus ingénieuses du poète ou du romancier seront toujours impuissantes à retracer le spectacle aérien qui frappe la vue de l'aéronaute ; les campagnes... 250

BIBLIOTHÈQUE UNIVERSELLE

Qu'on se figure la voûte céleste, bleu foncé, couronnant ces scènes vraiment saisissantes ; qu'on se représente à l'horizon

Corps Quatorze.

Les fictions les plus ingénieuses du poète ou du romancier seront toujours impuissantes à retracer le spectacle aérien qui frappe... 250

BIBLIOTHÈQUE UNIVERSELLE

Qu'on se figure la voûte céleste, bleu foncé, couronnant ces scènes véritablement saisissantes

Corps Dix-huit.

Les fictions les plus ingénieuses du poète ou du romancier seront toujours impuissantes à retracer 250

BIBLIOTHÈQUE UNIVERSELLE

ÉCRITURE TAILLE-DOUCE

Corps Quatorze.

Vous êtes prié d'assister à la Distribution des Prix

M⁻ & Mᵐᵉ Lamothe-Piquet

RENAISSANCES

Corps Huit.

Avec le gracieux Concours des Artistes de la Comédie-Française

MOUNET-SULLY & WORMS

Corps Douze.

Le rayon des Articles de Paris est à gauche

AU PETIT SAINT-JEAN

RONDES MODERNES

Corps Douze.

Les Poètes ont souvent considéré l'Eau comme l'Inconstance

Mademoiselle de la Séglière

Corps Dix-Huit.

Sur les bords fortunés de l'antique Idalie

Comte de Montalembert

Corps Vingt-quatre.

Histoire de la Révolution Française

Xavier d'Orsan

CARACTÈRES COMPACTES-NOIRS

Corps Dix-huit.

Le Maire de Saint-Étienne
CHEMIN VICINAL

CARACTÈRES LATINS-OMBRÉS

Corps Dix.

Ouvrages couronnés par l'Académie des Sciences
· LIVRES · ANCIENS · & · MODERNES ·

Corps Douze.

Voyages · à · travers · les · Alpes · Dauphinoises
GUIDES & TOURISTES

Corps Quatorze.

Grand Dictionnaire de Pierre Larousse
· CHANTS · DU · CRÉPUSCULE ·

CARACTÈRES FANTASQUES-ITALIQUES

Corps Seize.

Les riches Collections du Musée du Louvre
DAVID D'ANGERS

LETTRES LATINES-ÉTROITES-OMBRÉES

Corps Dix-huit.

LES · MERVEILLES · DE · LA · CÉRAMIQUE

Corps Trente-deux.

· ABD-EL-KADER ·

Corps Quarante.

VOYAGE · DE · SUZETTE

Corps Quarante-huit.

· BELFORT ·

IMPRIMERIE ET LIBRAIRIE CLASSIQUES

DELALAIN FRÈRES

IMPRIMEURS-ÉDITEURS, RUE DES ÉCOLES, 56, A PARIS

La Maison Delalain Frères a pour spécialité la publication des livres classiques pour l'enseignement secondaire et pour l'enseignement primaire. Elle doit surtout ce caractère à l'acquisition faite en 1808, par un de ses chefs, de l'imprimerie et de la librairie des Barbou.

Toujours fidèle à ses origines et à ses traditions, elle offre au corps enseignant des ouvrages répondant aux divers besoins de l'enseignement, et soigneusement revus, exactement corrigés ou inspirés par ses chefs.

OUVRAGES EXPOSÉS EXTRAITS DU CATALOGUE GÉNÉRAL

1re PARTIE. — DOCUMENTS UNIVERSITAIRES. PÉDAGOGIE. — PROGRAMMES.

Annuaire complet de l'Instruction publique en France pour l'*Année 1892*, rédigé et publié par *MM. Delalain*, imprimeurs de l'Université, officiers de l'instruction publique ; 1 fort vol. in-8°, de 800 pages, *avec une carte de France par académies*, br. 5 f. — *rel. toile*, 6 f. 50 c.

Législation de l'Instruction primaire en France depuis 1789 jusqu'à nos jours, par *M. Gréard*, membre de l'Académie française et de l'Académie des Sciences morales et politiques, inspecteur général honoraire, vice-recteur de l'Académie de Paris, grand officier de la Légion d'honneur ; deuxième édition, format grand in-8°.

Cet important ouvrage formera plusieurs volumes.

Sont en vente :

— Le Tome Ier (1789-1833) ; 1 fort vol. grand in-8° de 574 pages, comprenant un appendice reproduisant, en fac-similé pour la plupart, des modèles de formules de brevet, d'autorisation d'enseignement, d'engagement décennal, etc., br. 10 f.

— Le Tome II (1833-1848) ; 1 fort vol. grand in-8°, de 732 pages, comprenant un appendice reproduisant, en fac-similé pour la plupart, des modèles de formules de brevet, de procès-verbaux d'examen, de diplômes et certificats, d'arrêtés de nomination, etc., br. 10 f.

Livret de l'Étudiant de Paris pour 1891-1892 (*5e année*), publié sous les auspices du Conseil général des Facultés ; in-18, br. 50 c.

Notions de Pédagogie, par *M. H. Joly*, doyen honoraire de la Faculté des lettres de Dijon ; 1 vol. in-12, br. 3 f.

Organisation pédagogique et Plan d'Études des Écoles primaires élémentaires ; in-12, br. 40 c.

Organisation pédagogique et Plan d'Études des Cours complémentaires et des Écoles primaires supérieures ; in-12, br. 50 c.

Plan d'Études et Programmes des Écoles normales primaires ; in-12, br. 50 c.

Plan d'Études et Programmes de l'Enseignement secondaire classique ; 1 vol. in-12, br. 1 f. 25 c.

Plan d'Études et Programmes de l'Enseignement secondaire moderne ; 1 vol. in-12, br. 1 f. 25 c.

Plan d'Études et Programmes de l'Enseignement secondaire des jeunes filles ; in-12, br. 1 f.

Chartularium Universitatis Parisiensis, sub auspiciis Consilii generalis Facultatum Parisiensium ex diversis bibliothecis tabulariisque collegit, cum authenticis chartis contulit notisque illustravit *Henricus Denifle, O. P.*, in archivo apostolicæ sedis Romanæ vicarius, Academiarum Vindobonensis et Berolinensis socius, auxiliante *Æmilio Chatelain*, bibliothecæ Universitatis in Sorbona conservatore adjuncto.

— Tomus I, ab anno M CC usque ad annum M CC LXXXVI ; 1 vol. de XXXVI-716 pages in-4° (format raisin), br. 30 f.

— Tomus II, Sectio prior, ab anno M CC LXXXVI usque ad annum M CCC L ; 1 vol. de XXIV-816 pages in-4° (format raisin), br. 30 f.

Étude sur le Libraire parisien du XIIIe au XVe siècle, d'après les documents publiés dans le Cartulaire de l'Université de Paris, par *M. Paul Delalain* ; 1 vol. de XLIV-76 pages in-8°, br. 5 f.

L'ancien Collège d'Harcourt et le Lycée Saint-Louis, par *H. L. Bouquet*, docteur et professeur honoraire de Sorbonne ; 1 vol. de XVI-752 pages in-8°, br. papier ordinaire, 10 f. — papier vélin, 12 f.

2e PARTIE. — LANGUE FRANÇAISE.

1. — Lecture.

Exercices de Mémoire et de Style, par *G. Beleze*, chef d'institution de Paris ; 1 vol. in-18, de 360 pages, cart. 1 f. 50 c.

Fablier des Enfants, Choix de fables de La Fontaine, Florian, Lamotte, Aubert, Le Bailly, Arnault, etc., par un *Ami de l'Enfance* ; in-18, cart. 50 c.

Leçons de Choses, par *M. Émile Bouant* ; 1 vol. in-12, *orné de 105 gravures dans le texte*, cart. 2 f.

Livre de Lecture courante, par *G. Beleze* ; 1 fort vol. in-18, *orné de 30 vignettes*, cart. 1 f. 50 c.

Morceaux choisis des Prosateurs et Poètes français, *à l'usage des classes élémentaires*, par *L. Feugère* ; 1 fort. vol. in-18, cart. 1 f. 50 c.

Syllabaire et Premières Lectures, par *G. Beleze* ; in-18, cart. 75 c.

Chaque Partie se vend séparément.

— Le Syllabaire ; in-18, cart. 40 c.

— Les Premières Lectures ; in-18, cart. 40 c.

2. — Grammaire, Littérature.

Grammaire pratique des Écoles, par *M. B. Subercaze*, inspecteur de l'instruction primaire à Paris, officier de l'instruction publique ; 1 vol. in-12, cart. 1 f.

Grammaire de la Langue française (Phonétique, Lexicologie, Syntaxe), par *J. Clément*, agrégé de grammaire, ancien proviseur, revue et publiée par *M. J. L. Clément*, ancien élève de l'École normale supérieure, agrégé de grammaire, professeur au collège Stanislas ; 1 fort. vol. in-12 de VIII-548 pages, cart. 3 f. 25 c.

Grammaire complète de la Langue française, par *Auguste Lemaire*, professeur du lycée Louis-le-Grand et maître de conférences de l'École normale supérieure ; 1 fort. vol in-8°, cart. 4 f.

Études biographiques et critiques sur les textes d'explication du Brevet supérieur, pour les sessions des années 1891, 1892 et 1893, par *MM. Louis Tarsot*, licencié ès lettres, rédacteur au Ministère de l'instruction publique, et *Maurice Charlot*, sous-chef de bureau au Ministère de l'Instruction publique ; 1 fort vol. in-12, cart. 5 f.

Histoire abrégée de la Langue et de la Littérature française, par *M. Auguste Noël*, professeur du lycée de Versailles; 1 fort vol. in-12, br. 3 f. 50 c.

Littérature, Composition et Style, par *M. Ch. Rim*, professeur au lycée Condorcet; 1 vol. in-12, cart. 4 f.

Notions générales sur les Origines et sur l'Histoire de la Langue française, par *M. Petit de Julleville*, professeur et directeur d'études à la faculté des lettres de Paris; 1 vol. in-12, br. 2 f. 50 c.

3. — Textes et Morceaux choisis.

Buffon. Morceaux choisis, Extraits de l'*Histoire Naturelle*, suivis du Discours sur le Style, par *M. A. Rolland*, professeur de littérature; 1 vol. in-12, *orné de 76 gravures dans le texte*, cart. 1 f. 50 c.

Chanson de Roland (Extraits de la), suivis d'extraits des Mémoires du Sire de Joinville, par *M. E. Talbot*, docteur ès lettres, professeur du lycée Condorcet; 1 vol. in-12, cart. 2 f. 50 c.

Fénelon. Aventures de Télémaque, suivies des Aventures d'Aristonoüs, *à l'usage des élèves de l'Enseignement secondaire classique*, par *M. S. Bernage*, professeur de rhétorique au lycée Condorcet; 1 vol. in-12, cart. 2 f. 25 c.

Les mêmes, *à l'usage des élèves de l'Enseignement secondaire moderne et de l'Enseignement primaire supérieur*, par *M. S. Bernage*; in-12, cart. 2 f.

Morceaux choisis de Prose et de Vers des Classiques français, *à l'usage de la Classe de Sixième*, par *L. Feugère*, professeur du lycée Henri IV : nouvelle édition, revue par *G. Feugère*, docteur ès lettres, professeur du lycée Saint-Louis; 1 vol. in-12, br. 1 f. 20 c. — cart. 1 f. 30 c.

Morceaux choisis de Prose et de Vers des Classiques français, *à l'usage de la Classe de Cinquième*, par *L. Feugère*, professeur du lycée Henri IV : nouvelle édition, revue par *G. Feugère*; 1 vol. in-12, br. 1 f. 30 c. — cart. 1 f. 40 c.

Morceaux choisis de Prose et de Vers des Classiques français, *à l'usage de la Classe de Quatrième*, par *L. Feugère*, professeur du lycée Henri IV : nouvelle édition, revue par *G. Feugère*; 1 vol. in-12, br. 1 f. 50 c. — cart. 1 f. 65 c.

Morceaux choisis de Prosateurs et de Poètes français des seizième, dix-septième, dix-huitième et dix-neuvième siècles, *à l'usage de la Classe de Troisième*, par *G. Feugère*; 1 fort vol. in-12, cart. 4 f. 50 c.

Morceaux choisis de Prosateurs et de Poètes français des seizième, dix-septième, dix-huitième et dix-neuvième siècles, *à l'usage de la Classe de Seconde*, par *G. Feugère*; 1 fort vol. in-12, cart. 4 f. 50 c.

Morceaux choisis de Prosateurs et de Poètes français du dix-huitième et du dix-neuvième siècles, *à l'usage de la Classe de Rhétorique*, par *G. Feugère*; 1 fort vol. in-12, cart. 4 f. 50 c.

Racine. Les Plaideurs, comédie, avec introduction, commentaires, notes littéraires et critiques, par *M. Ch. Rim*; professeur au lycée Condorcet; 1 vol. in-12, cart. 1 f.

Rousseau (J. J.). Morceaux choisis, par *MM. L. Tarsot*, licencié ès lettres, rédacteur au Ministère de l'instruction publique, et *A. Wissemans*, licencié ès lettres et en droit, bibliothécaire du Musée pédagogique; 1 vol. in-12, cart. 2 f. 50 c.

Voltaire. Extraits de Prose, par *MM. L. Tarsot et A. Wissemans*; 1 fort vol. in-12, cart. 2 f. 50 c.

4. — Histoire et Géographie.

Atlas complet de Géographie Contemporaine, Ancienne, du Moyen Age, Moderne, composé de 40 belles planches contenant 67 cartes, par *H. Chevallier*, professeur agrégé d'histoire et de géographie; 1 vol. in-folio, rel. toile, 15 f.

Cette publication se vend également en deux parties :

— 1° Atlas de Géographie historique, Ancienne, Grecque, Romaine, du Moyen Age et des Temps modernes, composé de 20 belles planches contenant 35 cartes, par *H. Chevallier*; 1 vol. in-folio, demi-rel. 8 f.

— 2° Atlas de Géographie Contemporaine, composé de 20 belles planches contenant 32 cartes, par *H. Chevallier*; 1 vol. in-folio, rel. toile, 8 f.

Atlas orographique et hydrographique des Bassins des grands Fleuves de la France et de l'Europe, *édition avec tracé des chemins de fer*, composé de 17 planches comprenant 14 bassins principaux et 51 bassins secondaires, par *A. Vuillemin*, géographe, officier d'académie; 1 vol. in-folio, imprimé à *quatre teintes*, rel. toile, 12 f. 50 c.

Atlas orographique et hydrographique des Bassins des grands Fleuves de l'Amérique du Nord et de l'Amérique du Sud, *édition avec tracé des chemins de fer*, par *A. Vuillemin*; 1 vol. in-folio, composé de 7 planches imprimées à *quatre teintes*, rel. toile, 6 f. 50 c.

Cours de Géographie générale, physique et politique, par *M. A. Gasquet*, professeur à la faculté des lettres de Clermont-Ferrand; 1 fort vol. in-12, cart. 6 f.

Géographie de la France, de ses Colonies et Protectorats, par *M. A. Gasquet*; 1 fort vol. in-12, avec 44 *cartes et cartouches*, rel. toile, 5 f.

Histoire sommaire de la France depuis les origines jusqu'à la mort de Louis XI, par *M. Choublier*, professeur d'histoire au lycée Condorcet et au collège Chaptal; in-12, *avec 40 vignettes et 7 cartes*, rel. toile, 1 f. 10 c.

Histoire sommaire de la France depuis la mort de Louis XI jusqu'à 1815, avec un résumé des faits contemporains, par *M. Choublier*; in-12, avec 28 *vignettes et 16 cartes*, rel. toile, 1 f. 25 c.

Histoire Romaine, depuis la fondation de Rome jusqu'à l'invasion des Barbares, par *M. E. Maréchal*, professeur d'histoire; 1 fort vol. in-12, cart. 6 f.

Histoire de l'Europe, et particulièrement de la France, de 1610 à 1789, par *M. E. Maréchal*; 1 fort vol. in-12 de 1160 pages, cart. 6 f. 50 c.

Histoire Contemporaine, de 1789 à nos jours, par *M. E. Maréchal*; 2 forts vol. in-12, cart. 8 f. — rel. toile, 9 f.

Chaque volume se vend séparément :

— Tome Ier, 1789-1848; 1 vol. in-12 de 700 pages, cart. 4 f. — rel. toile, 4 f. 50 c.

— Tome IIe, 1848-1881; 1 vol. in-12 de 824 pages, cart. 4 f. — rel. toile, 5 f.

5. — Philosophie.

Cours de Philosophie, par *M. H. Joly*, doyen honoraire de la faculté des lettres de Dijon; 1 fort vol. in-12, br. 5 f.

Études sur les Ouvrages philosophiques prescrits pour l'enseignement secondaire et les examens du baccalauréat, par *M. H. Joly*; 1 vol. in-12, br. 3 f.

Discours de la Méthode, par *Descartes*, suivi de la *Première Méditation*, avec introduction, notes et appréciations critiques par *M. H. Joly*; in-12, br. 1 f. 25 c.

Principes de la Philosophie, Livre premier, par *Descartes*, traduction française de *Picot*, avec introduction, notes et appréciations critiques, par *M. H. Joly*; in-12, br. 1 f. 25 c.

La Monadologie, par *Leibniz*, avec introduction, analyse développée et appréciations philosophiques et critiques par *M. Th. Desdouits*; 1 vol. in-12, br. 1 f. 25 c.

Traité des Devoirs, Livre Ier, par *Cicéron*, traduction française en regard du texte, précédée d'une introduction par *M. H. Joly*; 1 vol. in-12, cart. 1 f. 25 c.

Traité de la Nature des Dieux, Livre II, par *Cicéron*, traduction française de l'abbé *d'Olivet*, en regard du texte, revue et corrigée, avec introduction par *M. H. Joly*; in-12, cart. 1 f. 80 c.

Poème de la Nature, par *Lucrèce*, Livre V, texte latin et traduction en regard, avec introduction biographique par *M. E. Talbot*, docteur ès lettres, professeur du lycée Condorcet; 1 vol. in-12, cart. 1 f. 80 c.

Les Seize premières Lettres de Sénèque à Lucilius, texte latin avec la traduction française en regard, par *M. H. Joly*; 1 vol. in-12, cart. 1 f. 50 c.

Mémoires sur Socrate ou Mémorables, Livre Ier, par *Xénophon*, traduction française de *J. B. Gail*, en regard du texte grec, avec introduction, analyse développée et appréciations, par *L. Gallais*; in-12, cart. 1 f.

La Morale ou Éthique à Nicomaque, Livre X, par *Aristote*, traduction française, avec le texte grec en regard, par *M. Rossigneux*, professeur agrégé de philosophie au lycée de Nice, in-12, cart. 1 f. 25 c.

Manuel d'Épictète, traduction française en regard du texte grec, par *M. H. Joly*; in-12, cart. 1 f.

La République, Livre VI, par *Platon*, traduction française de *Grou*, en regard du texte grec, revue et corrigée par *L. Carrau*, professeur de la faculté des lettres de Paris; in-12, cart. 1 f. 50 c.

6. — Sciences.

Agriculture (L'), par *MM. Léon Bussard*, diplômé de l'enseignement supérieur de l'Agriculture, chef des travaux à la station d'essais de semences de l'Institut national agronomique, et *Henri Corblin*, diplômé de l'enseignement supérieur de l'agriculture, répétiteur de zoologie à l'Institut national agronomique; 1 vol. in-12, avec 68 *figures dans le texte*, br. 5 f.

Algèbre élémentaire, par *M. E. Lebon*, professeur de mathématiques au lycée Charlemagne; 1 vol. in-12, *avec figures*, cart. 3 f.

Compléments d'Algèbre, par *M. E. Jablonski*, professeur agrégé de mathématiques au lycée Charlemagne; 1 vol. in-8°, *avec 44 figures dans le texte*, br. 6 f. 50 c.

Cours d'Arithmétique, par *M. E. Jablonski*, professeur agrégé de mathématiques au lycée Charlemagne; 1 fort vol. in-8°, br. 8 f.

Cours de Chimie, par *M. E. Bouant*, agrégé des sciences physiques, professeur au lycée Charlemagne; 1 fort vol. grand in-8°, *avec 224 figures dans le texte*, br. 8 f.

Cours de Physique et de Chimie, conforme aux programmes prescrits pour l'enseignement des sciences physiques dans les écoles normales primaires d'instituteurs et d'institutrices, par *M. Émile Bouant*, ancien élève de l'École normale supérieure, agrégé des sciences physiques, professeur au lycée Charlemagne; 5 vol. in-12, *avec nombreuses figures dans le texte*,

Chaque volume se vend séparément :

1° Écoles normales d'instituteurs; 3 vol. in-12 :

— Cours de Physique et de Chimie, *Première année*; 1 vol. in-12, *avec 209 gravures dans le texte*, cart. 3 f.

— Cours de Physique et de Chimie, *Deuxième année*; 1 vol. in-12, avec 150 gravures dans le texte, cart. 3 f.

— Cours de Physique et de Chimie. *Troisième année*: 1 fort vol. in-12, avec 341 gravures dans le texte et une planche en chromolithographie. cart. 5 f.

2° Écoles normales d'institutrices; 2 vol. in-12 :

— Cours de Physique et de Chimie. *Premier volume* (deuxième année du cours); 1 vol. in-12, avec 190 gravures dans le texte, cart. 3 f.

— Cours de Physique et de Chimie, *Deuxième volume* (troisième année du cours); 1 fort vol. in-12, avec 317 gravures dans le texte, cart. 4 f.

Cours d'Études scientifiques, par MM. J. Langlebert, docteur en médecine, officier d'académie, professeur de sciences physiques et naturelles à Paris, et E. Catalan, docteur ès sciences, ancien professeur de mathématiques au lycée Saint-Louis et à l'École polytechnique, professeur émérite de l'Université de Liège; 8 vol. in-12, avec nombreuses gravures dans le texte et planches gravées;

Chaque volume se vend séparément pour les divers examens de Baccalauréat :

Premier Volume : Arithmétique et Algèbre, par M. E. Catalan ; 1 vol. in-12, br. 3 f.

Deuxième Volume : Géométrie, par M. E. Catalan ; 1 vol. in-12, avec 230 gravures dans le texte, 2 f. 50 c.

Troisième Volume : Trigonométrie rectiligne et Géométrie descriptive. par M. E. Catalan ; 1 vol. in-12, avec 80 gravures dans le texte et 4 planches gravées, br. 1 f. 50 c.

Quatrième Volume : Cosmographie, par M. E. Catalan ; 1 vol. in-12, avec 62 gravures dans le texte et 2 planches gravées, br. 2 f. 50 c.

Cinquième Volume : Mécanique, par M. E. Catalan ; 1 vol. in-12, avec 80 gravures dans le texte, br.

Sixième Volume : Physique, par M. J. Langlebert ; 1 fort vol. in-12, avec 340 gravures dans le texte et une planche en couleurs, br. 4 f.

Septième Volume : Chimie, par M. J. Langlebert ; 1 fort vol. in-12, avec 158 gravures dans le texte et 16 pages en chromolithographie figurant les principales réactions chimiques, br. 4 f.

Huitième Volume : Histoire Naturelle, par M. J. Langlebert ; 1 fort vol. in-12, avec 620 gravures dans le texte. br. 4 f.

Éléments usuels des Sciences physiques et naturelles, à l'usage du Cours élémentaire des écoles primaires publiques de garçons et de filles, par M. E. Bouant ; 1 vol. in-12, avec 137 gravures dans le texte, cart. 1 f.

Éléments usuels des Sciences physiques et naturelles, à l'usage du Cours moyen des écoles primaires de garçons et de filles, par M. E. Bouant ; 1 vol. in-12, avec 203 gravures dans le texte, cart. 1 f. 25 c.

Éléments usuels des Sciences physiques et naturelles, à l'usage du Cours supérieur des écoles primaires de garçons et de filles, par M. E. Bouant ; 1 vol. in-12, avec 170 gravures dans le texte, cart. 1 f. 25 c.

Éléments de Géologie et de Botanique, par M. J. Langlebert, professeur de sciences physiques et naturelles; 1 vol. in-12, avec 400 gravures dans le texte et une carte géologique de la France, br. 3 f. — rel. toile, 3 f. 25 c.

Éléments de Zoologie, par M. J. Langlebert ; 1 vol. in-12, avec 172 gravures dans le texte, br. 2 f. — rel. toile, 2 f. 25 c.

Géométrie appliquée au Levé des Plans, à l'Arpentage, au Nivellement, aux Plans cotés, aux Surfaces topographiques, précédée de la Théorie des Corps ronds et de Notions de Trigonométrie, par M. E. Lebon ; 1 vol. in-12, avec 188 gravures dans le texte et une planche chromolithographiée de signes et teintes conventionnels, cart. 3 f. 50 c.

Géométrie élémentaire, comprenant la Géométrie plane et la Géométrie dans l'espace, par M. E. Lebon ; 1 vol. in-12, avec 487 figures dans le texte, cart. 4 f. 50 c.

La Physique et la Chimie du Brevet élémentaire de capacité de l'enseignement primaire, par M. E. Bouant ; 1 fort vol. in-12, avec 340 gravures dans le texte, cart. 3 f. 50 c.

Minéraux, Animaux, Végétaux, par M. E. Bouant ; 1 vol. in-12, avec 221 vignettes dans le texte, rel. toile, 1 f. 50 c.

Notions d'Histoire Naturelle applicables aux usages de la vie, par Henri Regodt, professeur de sciences naturelles; 1 vol. in-12, avec 110 gravures dans le texte, cart. 2 f. 25 c.

Notions de Chimie applicables aux usages de la vie, par Honoré Regodt, professeur de l'association philotechnique de Paris; 1 vol. in-12, avec 64 gravures dans le texte, cart. 1 f. 75 c.

Notions de Physique applicables aux usages de la vie, par Honoré Regodt; 1 vol. in-12, avec 231 gravures dans le texte, cart. 2 f. 25 c.

Petite Chimie des Écoles, industrielle et agricole, par le docteur A. C. Saucerotte; in-18, avec 11 gravures dans le texte, cart. 80 c.

Petite Histoire Naturelle des Écoles, par le docteur A. C. Saucerotte; in-18, avec 38 gravures dans le texte, cart. 80 c.

Petite Physique des Écoles, par le docteur A. C. Saucerotte; in-18, avec 57 gravures dans le texte, cart. 80 c.

Théorie des Équations (Suite aux Compléments d'Algèbre), par M. E. Jablonski; 1 vol. in-8°, avec 18 figures dans le texte, br. 7 f. 50 c.

Traité de Géométrie descriptive. Premier Volume, par M. E. Lebon, professeur de mathématiques au lycée Charlemagne; 1 vol. grand in-8°, avec toutes les figures dans le texte, br. 5 f.

Traité de Géométrie descriptive, Supplément au Premier Volume, par M. E. Lebon; 1 vol. grand in-8°, avec figures dans le texte et épures hors texte, br. 3 f. 50 c.

Traité de Géométrie descriptive. Second Volume, par M. E. Lebon; 1 vol. grand in-8°, avec épures dans le texte et un atlas de planches gravées, br. 12 f.

7. — Hygiène et Gymnastique.

Hygiène, à l'usage des écoles primaires, par J. Gillet-Damitte, inspecteur de l'instruction primaire; in-12, br. avec couverture forte, 25 c.

Petite Hygiène des Écoles, par le docteur A. C. Saucerotte, professeur de sciences physiques et naturelles, suivie du rapport du docteur Delpech sur les maladies contagieuses des enfants dans les écoles maternelles et les écoles publiques; in-18, avec gravures dans le texte, cart. 80 c.

Leçons élémentaires d'Hygiène, par M. H. George, docteur-médecin, docteur ès sciences naturelles, maître de conférences d'hygiène à l'Institut national agronomique, professeur d'histoire naturelle à l'école municipale Lavoisier à Paris, officier de l'instruction publique; 1 vol. in-12, br. 2 f. — cart. 2 f. 20 c.

Gymnastique, à l'usage des écoles primaires, par J. Gillet-Damitte, in-12, avec 18 gravures dans le texte, br. avec couverture forte, 25 c.

Manuel de Gymnastique théorique et pratique, comprenant la Gymnastique sans appareils et avec appareils, les exercices militaires, la Boxe, le Bâton, l'Escrime à l'épée, etc., par M. P. Le Guénec, professeur de gymnastique à l'école normale primaire d'instituteurs de la Seine; 1 vol. in-12, avec 107 figures dans le texte et deux planches en chromolithographie, br. 3 f. 50 c. — rel. toile, 4 f.

Manuel des Jeux scolaires et des Exercices athlétiques, publié par le comité des exercices physiques dans l'éducation; in-8°, br. 25 c.

8. — Dessin.

La Leçon de Dessin, dans les Écoles primaires et dans les Classes élémentaires de l'enseignement secondaire, classique et moderne, par M. Leprat, pourvu des certificats d'aptitude à l'enseignement du dessin (premier degré et degré supérieur), professeur de dessin au lycée de Montluçon, et divisée en deux parties :

— 1° La Leçon de Dessin, cahiers à l'usage de l'élève, comprenant 6 cahiers, format in-4° carré, avec 92 modèles, nombreuses figures de construction, texte explicatif, br. 1 f. 20 c.

Chaque cahier (Nos 1, 2, 3, 4, 5, 6), sur lequel l'élève doit exécuter son dessin au-dessous du modèle, se compose de 12 pages avec couverture, et se vend séparément, br. 20 c.

N° 1. Lignes verticales, horizontales et perpendiculaires. Bandes verticales, horizontales, obliques, brisées, croisées. Dallage rectangulaire, en losanges.

N° 2. Carré. Triangles et losanges. Étoiles. Carrelage. Polygones.

N° 3. Ornement. Surfaces polygonales entrelacées. Méandres. Dessins de tapisserie, de marqueterie. Circonférences. Polygones étoilés.

N° 4. Hexagone. Pentagone. Dessin de broderie. Rosaces. Frises d'encadrement, bordures. Panneaux.

N° 5. Anneaux et rubans. Ellipses. Ornement ovale. Boucles. Spirales. Volutes. Postes. Palmettes. Feuilles. Courbes diverses.

N° 6. Fleurs. Feuilles décoratives. Rinceau. Rosace encadrée. Ornements montants. Panneau brodé.

— 2° Le Carnet du Maître, à l'usage du maître, contenant 95 modèles gradués avec texte en regard et environ 250 figures de construction; 1 vol. in-8° oblong, publié sous la forme d'un élégant album de VII-140 pages, rel. toile, 2 f. 80 c.

3e PARTIE. — LANGUES VIVANTES.

LANGUE ALLEMANDE.

Dialogues, Conversations et Questions, *en français et en allemand*, par M. J. Dresch, ancien professeur de langue allemande au Prytanée militaire, professeur à l'école Monge, chevalier de la Légion d'honneur, officier d'académie; 1 vol. grand in-32, rel. toile, 2 f.

Dictionnaire classique allemand-français et français-allemand, par M. J. Dresch, 2 forts volumes grand in-18 à deux colonnes, rel. demi-chagrin, 8 f.

Chaque volume se vend séparément :

— Dictionnaire classique allemand-français, par M. J. Dresch; 1 vol. grand in-18 à deux colonnes, de XXIV-1112 pages, rel. toile, 4 f. 50 c.

— Dictionnaire classique français-allemand, par M. J. Dresch; 1 vol. grand in-18 à deux colonnes, de XII-792 pages, rel. toile, 3 f. 75 c.

Thèmes allemands, écrits et oraux, par M. Schmitt; 1 fort vol. in-12, cart. 2 f. 50 c.

LIBRAIRIE DELALAIN FRÈRES

Thèmes d'imitation adaptés à des Versions allemandes, par *M. E. Hallberg*, professeur de littérature étrangère à la faculté des lettres de Toulouse; 1 vol. grand in-18, *cart.* 1 f. 25 c.

Choix de Ballades allemandes (de Gœthe, H. Heine, Herder, Schiller, Uhland, Zedlitz, etc.), par *M. E. Hallberg;* grand in-18, *cart.* 1 f. 50 c.

Gœthe. Extraits de ses Mémoires (*Dichtung und Wahrheit*), suivis de *thèmes d'imitation*, par *M. E. Hallberg;* grand in-18, *cart.* 2 f. 25 c.

Kotzebue. La Petite Ville allemande, par *M. E. Hallberg;* grand in-18, *cart.* 1 f. 25 c.

Kleist (de). Michaël Kohlhaas, par *MM. I. Beffeyte*, professeur de langue allemande, et *J. Peyrègne*, licencié ès lettres; grand in-18, *cart.* 1 f.

LANGUE ANGLAISE.

Dialogues, Conversations et Questions, *en français et en anglais*, par *MM. Elwall* et *T. J. East*, professeurs de langue anglaise; 1 vol. grand in-32, *rel. toile,* 2 f.

Dictionnaire anglais-français et français-anglais, par *A. Elwall*, professeur du lycée Henri IV et de l'école supérieure des mines; 2 parties en un fort volume in-8°, *rel. toile,* 12 f.

Chaque volume se vend séparément :

— Dictionnaire anglais-français, par *A. Elwall*; 1 fort vol. in-8°, de VIII-1064 pages à 2 colonnes, *br.* 5 f. 75 c. — *rel. toile,* 6 f. 50 c.

— Dictionnaire français-anglais, par *A. Elwall*; 1 fort vol. in-8°, de XII-874 pages à 2 colonnes, *br.* 5 f. 75 c. — *rel. toile,* 6 f. 50 c.

Petit Dictionnaire classique anglais-français et français-anglais, par *A. Elwall;* 1 fort vol. grand in-18 de 1200 pages à 2 colonnes, *rel. toile,* 5 f.

Grammaire anglaise, avec Exercices pratiques, par *Siret :* nouvelle édition, entièrement refondue par *A. Elwall;* 1 vol. in-12, *cart.* 1 f. 50 c.

Le Premier Enseignement de la Langue anglaise, par *M. Raoul Jeudy*, professeur agrégé de langue anglaise au lycée Michelet; 1 vol. in-12, *cart.* 1 f.

Précis de l'Histoire de la Littérature anglaise par *Stopford Brooke*, traduction française par *M. George Elwall*, licencié ès lettres, professeur de langue anglaise au collège Rollin; grand in-18, *rel. toile,* 2 f.

Leçons de Choses en anglais, Object Lessons, *à l'usage des classes moyennes des lycées et collèges*, par *M. Raoul Jeudy;* 1 vol. in-12, avec 137 *figures dans le texte*, *rel. toile,* 1 f. 25 c.

Times (The), *numéro du 14 novembre 1888*, reproduit, avec autorisation, dans l'ensemble de son texte et de ses dispositions typographiques; par *A. Elwall;* 1 vol. in-8° à 2 colonnes, *rel. toile,* 4 f. 50 c.

Aikin et Barbauld. Les Soirées à la maison (Evenings at home), par *A. Elwall;* 1 vol. in-18, *cart.* 1 f. 50 c.

Day (Thomas). The History of Little Jack, édition classique, par *A. Elwall;* grand in-18, *cart.* 1 f.

Day (Thomas). Sandford et Merton, récits choisis, édition classique, par *A. Elwall;* 1 vol. in-18, *cart.* 1 f. 10 c.

Lamb (Ch.). Tales from Shakspeare (Choix d'*Histoires tirées de Shakspeare*), par *M. Raoul Jeudy;* 1 vol. grand in-18, *cart.* 1 f. 50 c.

Shakspeare. Coriolan (Coriolanus), tragédie, édition classique, par *MM. A. et G. Elwall;* grand in-18, *cart.* 1 f. 50 c.

Swift. Extraits des Voyages de Gulliver, édition avec introduction historique et biographique, notes grammaticales et littéraires par *MM. A. et G. Elwall;* grand in-18, *avec 11 vignettes*, *cart.* 1 f. 50 c.

4ᵉ PARTIE. — LANGUES MORTES.

LANGUE LATINE.

Éléments de Grammaire latine, par *Lhomond*, édition annotée et complétée par *M. F. Deltour*, inspecteur général honoraire de l'instruction publique; 1 vol. in-12, *cart.* 1 f. 60 c.

Dictionnaire élémentaire français-latin, rédigé d'après les meilleurs auteurs, par *J. Geoffroy*, professeur agrégé des classes de grammaire; 1 vol. grand in-8° de 570 pages, *rel. toile,* 3 f. 75 c.

Dictionnaire élémentaire latin-français, rédigé d'après les meilleurs auteurs, par *J. Geoffroy;* 1 vol. gr. in-8° de 516 pages, *rel. toile,* 3 f. 75 c.

Grammaire latine, par *J. L. Burnouf;* 1 vol. in-8°, *cart.* 2 f. 75 c.

Histoire abrégée de la Littérature latine, par *M. E. Talbot*, docteur ès lettres, professeur du lycée Condorcet; 1 vol. in-12, *br.* 2 f. 50 c.

Lexique étymologique latin-français, précédé d'un Tableau des Suffixes et suivi d'un Vocabulaire des Noms propres, par *M. F. Jacob*, agrégé de l'Université, proviseur du lycée de Charleville, officier de l'instruction publique; 1 fort volume in-8° à deux colonnes, de XCVIII-1276 pages, *rel. toile,* 8 f.

Cornelius Nepos. De Vita excellentium Imperatorum, édition classique, avec notes et remarques en français par *W. Rinn*, professeur du collège Rollin : nouvelle édition, revue par *M. Ch. Rinn*, professeur au lycée Condorcet, et accompagnée de 12 *cartes et plans*; in-12, *cart.* 1 f. 20 c.

De Viris illustribus Romæ, auctore *Lhomond*, édition avec notes en français, par *M. A. Cuvillier*, professeur au lycée Condorcet; in-12, *avec vignettes et cartes*, *cart.* 1 f. 25 c.

Ovide. Morceaux choisis des Métamorphoses, des Fastes et des Tristes, nouvelle édition, par *M. A. Cuvillier;* in-12, *cart.* 1 f. 80 c.

Plaute. Extraits de ses Comédies, par *M. A. Bougot*, doyen de la faculté des lettres de Dijon, lauréat de l'Institut; 1 fort vol. in-12, *cart.* 3 f. 50 c.

Taciti Opera (Annales, Historiæ, Vita Agricolæ, De Moribus Germanorum libellus, Dialogus de Oratoribus), nouvelle édition complète, par *M. E. Dupuy*, inspecteur de l'Académie de Paris; 1 très fort vol. in-12, *demi-rel.* 6 f. 50 c.

Tite-Live. Histoires, livres XXIII, XXIV et XXV, nouvelle édition, par *M. L. Levrault*, agrégé des Classes supérieures, professeur au lycée de Laval; 1 vol. in-12, *avec 10 gravures et 4 cartes*, *cart.* 2 f.

LANGUE GRECQUE.

Grammaire grecque, ou Méthode pour étudier la Langue grecque, par *J. L. Burnouf;* 1 vol. in-8°, *cart.* 3 f.

Dictionnaire français-grec, *à l'usage des élèves des Classes de grammaire et des lettres*, par *M. E. Talbot*, docteur ès lettres, professeur du lycée Condorcet; 1 fort vol. grand in-8°, de 584 pages, *rel. toile,* 7 f.

Dictionnaire grec-français, *à l'usage des élèves des Classes de grammaire et des lettres*, par *M. E. Talbot;* 1 gros vol. grand in-8°, de 1100 pages, *rel. toile,* 8 f.

Histoire abrégée de la Littérature grecque, par *M. A. Noël*, professeur agrégé de l'Université; 1 vol. in-12, *br.* 2 f.

Nouveaux Exercices grecs, Premier Cours, par *M. G. Benoist*, professeur au lycée de Limoges; 1 vol. in-8°, *br.* 1 f. 60 c. — *rel. toile,* 2 f.

Nouveaux Exercices grecs, Deuxième Cours, par *M. G. Benoist;* 1 vol. in-8°, *br.* 2 f. 40 c. — *rel. toile,* 2 f. 75 c.

Petite Chrestomathie grecque, suivie d'un *choix de Fables d'Ésope*, avec un lexique élémentaire, par *A. Bressant*, professeur du lycée Louis-le-Grand; 1 vol. in-12, *cart.* 1 f. 10 c.

Babrius. Fables choisies (50), avec notes et remarques en français par *M. E. Pessonneaux*, professeur honoraire du lycée Henri IV; in-12, *cart.* 80 c.

Hérodote. Morceaux choisis, *texte grec*, par *M. E. Pessonneaux;* 1 vol. in-12, *cart.* 1 f. 60 c.

Plutarque. Vie de Périclès, *texte grec*, par *M. S. Bernage*, professeur de rhétorique au lycée Condorcet : édition suivie d'un index historique *avec gravures*; in-12, *cart.* 1 f.

Sophocle. Œdipe à Colone, tragédie, *texte grec*, avec analyse et notes en français par *M. E. Pessonneaux;* in-12, *cart.* 1 f.

Thucydide. Extraits de la Guerre du Péloponèse, précédés d'une introduction historique, critique et littéraire par *M. J. Hebin*, agrégé de l'Université, professeur au lycée Buffon; 1 vol. in-12, *cart.* 2 f.

Xénophon. Extraits de la Cyropédie et de l'Anabase, *texte grec*, avec analyses, notes grammaticales, index historique et vocabulaire, par *M. Ch. Rinn*, professeur au lycée Condorcet; in-12, *avec une carte*, *cart.* 1 f. 60 c.

Le Catalogue général de la Librairie Delalain est envoyé à toute personne qui en fait la demande par lettre affranchie. — On peut se procurer ses diverses publications chez les libraires Néerlandais, ses correspondants.

Paris. — DELALAIN FRÈRES, Imprimeurs de l'Université, rue de la Sorbonne, 1 et 3.

François DUCLOZ

IMPRIMEUR-ÉDITEUR

A

MOUTIERS-TARENTAISE

(Savoie)

Presses Mécaniques mués par l'Électricité

BIBLIOTHÈQUE SAVOYARDE

formée d'ouvrages rares ou curieux des XVIe, XVIIe et XVIIIe siècles,

intéressant la Savoie

par le nom de leur auteur ou le sujet traité

ISTOIRE DE LA COMTESSE DE SAVOIE par Madame de Fontaine, Nouvelle édition publiée avec Notices et Commentaires par Charles Buet, dédiée à Marguerite de Savoie, reine d'Italie; Deux gravures : Portrait du comte Odon; Mariage d'Adélaïde de Suze. Couverture peau d'âne de la maison Aussedat, papier Japon-Forest, in-8. 500 exemplaires numérotés à la machine. Prix : 20 fr.

LPHABET D'ÉRUDITION, contenant les Memoires et Reflexions de Monfieur de Blonay à fon cher fils François-Jofeph & à la poftérité de la maifon de Blonay. Augmenté d'une Notice biographique et littéraire par A. de F. et des armoiries de la maison de Blonay. Couverture peau d'âne de la maison Aussedat, papier Japon-Forest, in-8. 500 exemplaires, numérotés à la machine. Prix : 15 fr.

EGLEMENT DE POLICE DE LA PART DES NOBLES SYNDICS DE LA VILLE DE MOUTIERS EN 1779. Édition diamant, encadrée, in-32. 200 exemplaires numérotés à la machine. Prix : 3 fr.

ES MERVEILLES DES BAINS D'AIX EN SAVOYE. Dédiées à S. A. le Sereniffime Prince Thomas de Sauoye, par le Dr J.-B. de Cabias ; réimpression de l'édition de 1623, avec une préface par le Dr L. Brachet, médecin consultant à Aix-les-Bains, et une bibliographie aixoise par V. Barbier. Encadrement bleu, lettrines rouges, têtes de chapitres imprimées sur fonds, avec une vue d'Aix en 1675 (extrait du *Theatrum Sabaudiæ*), tirage 500 exemplaires numérotés à la machine, in-8ᵈ carré. Prix : 10 fr.

N CENTENAIRE BIBLIOGRAPHIQUE. — LE PREMIER CRI DE LA SAVOIE VERS LA LIBERTÉ, par CC*** A. Grenadier patriote. Pamphlet politique paru en 1791, Chambéry, imprimerie Gorrin, avec préface par V. Barbier, in-32. 500 exemplaires numérotés à la machine. Prix : 3 fr.

Uranie, Polymnie, Calliope, Erato,
Muses de l'astronomie, de la poésie lyrique, de l'éloquence, de la poésie légère.

Publication sous presse

LES

AVENTURES D'ARISTONOÜS

Par FÉNELON

Texte collationné sur l'édition princeps, publiée en 1699.
Un volume petit in-4° de 90 pages, illustré de 40 planches en couleur
d'après les monuments de l'antiquité grecque. Broché : 25 fr.

Toute la Grèce revit dans *Aristonoüs*, et la belle antiquité, suivant le mot d'un grand critique, « paraît y avoir été moissonnée tout entière ».

Cette œuvre exquise doit être considérée comme une sorte d'abrégé ou, mieux encore, comme l'essence même du *Télémaque*. On peut dire avec Villemain « qu'il n'appartient qu'aux hommes supérieurs de pouvoir ainsi renfermer dans un cadre très étroit l'essai de tout leur génie », et il convient d'ajouter avec Voltaire « que Fénelon a voulu ici traiter le roman comme Bossuet traitait l'histoire, en lui donnant une dignité et un charme inconnus avant lui ».

C'est la première fois que les *Aventures d'Aristonoüs* sont illustrées d'après le système archéologique. Cette illustration, dont on a voulu faire une traduction vivante de la pensée de Fénelon, est toute à la gloire de l'art antique et du génie grec. Nous n'avons pas craint d'appeler ici la couleur à notre aide et de reproduire cette polychromie qui joue un rôle si important dans l'architecture et la sculpture helléniques. Il est vrai qu'en raison de notre format nous avons dû parfois atténuer les tonalités du coloris grec ; mais on estimera sans doute qu'il n'y a pas lieu de nous en faire un trop grave reproche, et l'on voudra bien tenir compte à un typographe des exigences de la typographie.

Les véritables inspirateurs de l'art grec, ce sont les poètes grecs. C'est à Homère et à Eschyle, à Sophocle et à Pindare, que nous avons voulu principalement demander le texte explicatif de

LA GRÈCE, SOUS LA FIGURE DE MINERVE, ÉCRIVANT L'HISTOIRE

nos quarante gravures. Nous souhaitons qu'une
telle illustration, commentée par de tels maîtres,
fasse passer les dieux, la foi et la vie de la Grèce
sous les yeux de nos lecteurs; nous souhaitons,
pour nous servir d'une belle pensée de M. Patin,
qu'elle les transporte dans cette époque glorieuse
« où naissaient du génie de Phidias ces images
divines de Jupiter et de Minerve qui semblent
ajouter à la religion ».

ŒDIPE ET LE SPHINX

PUBLICATION DE D. DUMOULIN ET Cⁱᵉ
Rue des Grands-Augustins, 5, à Paris.

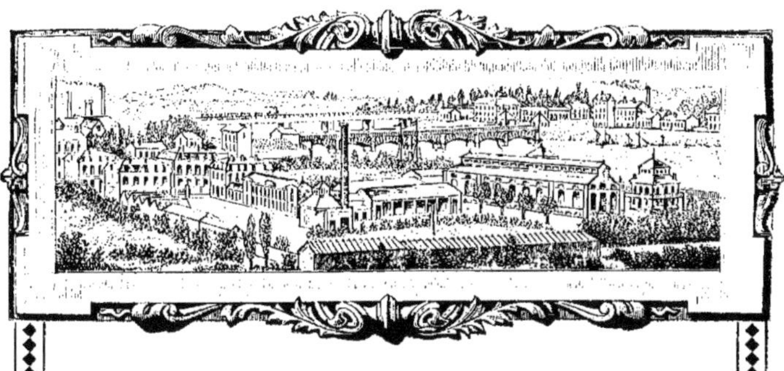

Imprimerie Paul Dupont

L'Imprimerie administrative et des chemins de fer
Paul Dupont a été fondée en 1825. Depuis cette époque,
elle n'a cessé de se développer. Elle possède aujourd'hui
deux vastes établissements : le premier à *Paris, 4, rue du
Bouloi;* le second, à *Clichy, 12, rue du Bac-d'Asnières.*

A Paris sont centralisés : la Direction, les Bureaux, la
Comptabilité, la Caisse, la Librairie. On y a également
installé quelques ateliers de composition et un certain
nombre de presses rotatives pour journaux, de machines
doubles et en blanc, de presses lithographiques, etc.,
qui permettent d'y exécuter rapidement tous les travaux
urgents.

A Clichy, fonctionnent les autres services de la maison : Imprimés administratifs, Publications, Bibliothèques scolaires. Grâce à une étendue de terrain de deux
hectares, on a pu donner aux ateliers et aux magasins
de vastes proportions. On y a réuni : de nombreux
ateliers de composition, une clicherie, une galvanoplastie,
un atelier de reliure et de façonnage, un atelier de
réglure, une fonderie de caractères et de blancs, une
réserve du matériel et des clichés. Trois machines à
vapeur d'une force de 230 chevaux mettent en mouvement les machines typographiques et lithographiques,
qui sont disposées dans deux vastes galeries. On y trouve
encore : des machines rotatives pour gravures en couleurs, des presses spéciales au numérotage des titres; un
local distinct pour le collage des feuilles de coupons à
renouveler et l'apposition du timbre de jonction.

Près de 1,500 employés et ouvriers sont occupés, toute l'année, dans les deux établissements. Le nombre total de machines employées par les deux imprimeries n'est pas moindre de 130.

L'*Imprimerie* se charge des impressions de toutes sortes, notamment de l'impression des titres, actions et obligations, avec fond de sûreté et contre-impression, ainsi que des modèles spéciaux aux Compagnies de Chemins de fer, aux Sociétés financières et industrielles.

La *Librairie* comprend deux catégories : administrative et classique.

La librairie administrative, sans cesse augmentée et rajeunie, mise au courant des changements de la législation et de la jurisprudence, est assurément sans rivale. Elle possède des ouvrages spéciaux pour toutes les branches de l'Administration et des traités pour toutes les catégories de fonctionnaires.

La librairie classique, tant primaire que secondaire, répond à toutes les exigences pédagogiques; elle est constamment tenue au courant des programmes officiels d'enseignement.

Un ensemble de quatorze *publications périodiques*, intéressant les lettres et le droit public, complète et continue l'instruction donnée par les livres, et fournit aux fonctionnaires et agents de tous ordres les documents officiels, règlements et arrêts nouveaux.

Le service des *Imprimés administratifs* met en vente les modèles de toutes sortes, employés par les services financiers de l'État, et les Administrations départementales et communales.

Depuis deux ans environ, l'Imprimerie Paul Dupont comprend, en outre, une maison d'*édition musicale*. De concert avec le " Figaro ", elle publie depuis le mois d'octobre 1891, sous le nom de " Figaro Musical " et avec le patronage et la collaboration des membres de l'Institut et des principaux musiciens contemporains, un recueil mensuel qui comprend cent pages de musique moderne inédite ou de musique classique.

OBJETS EXPOSÉS

IMPRIMERIE

Spécimens de Titres.

LIBRAIRIE ADMINISTRATIVE

Archives parlementaires. — *Recueil complet des débats des Chambres françaises de 1787 à 1860.* Il comprend actuellement 110 volumes et se divise en deux séries :
Première série (de 1787 à 1799) : 38 volumes en vente.
Deuxième série (de 1800 à 1860) : 72 volumes en vente.

Répertoire de Droit administratif. — *Recueil de législation, de doctrine et de jurisprudence administratives,* fondé par M. Léon Béquet, conseiller d'État, en 1883, continué depuis 1892 par M. Laferrière, vice-président du Conseil d'État : 9 volumes sont en vente.

Dictionnaire général d'Administration, publié sous la direction de M. Alfred Blanche, ancien conseiller d'État.

Code manuel des Percepteurs et des Receveurs, par M. Delfaux.

Traité de l'Administration hospitalière, par M. Cros-Mayrevieille.

La Préparation de la Guerre de Vendée (1789-1793), par Ch.-L. Chassin, 3 volumes grand in-8°.

LIBRAIRIE CLASSIQUE

Nouveau Cours d'Études primaires, publié sous la direction de MM. Platrier, Martin, Brochet et Caviale.
Cet ouvrage se divise en trois parties : *cours élémentaire, cours moyen, cours supérieur.* Chaque cours se subdivise par mois et comprend les matières suivantes : langue française et récitation classique, histoire, géographie, arithmétique, système métrique, géométrie, sciences physiques et naturelles.

Cours de Physique, pour les classes de mathématiques élémentaires et spéciales, par M. H. Pellat, professeur à la Faculté des sciences de Paris.

Cours de Géométrie à l'usage des classes de l'enseignement moderne, par M. Combette, inspecteur général de l'Université.

Cours complet d'Histoire naturelle, par M. Gaston Bonnier, professeur à la Faculté des sciences de Paris. 15 volumes.

Flore du Nord de la France et de la Belgique, par MM. Gaston Bonnier et G. de Layens.

Nouvelle Flore pour la détermination facile des plantes, par MM. Gaston Bonnier et G. de Layens.

Nouvelle Flore des Champignons, par MM. Constantin et Dufour.

Flore des Mousses, par M. I. Douin.

PUBLICATIONS PÉRIODIQUES

Grand Almanach illustré Paul Dupont. — 17ᵉ année.

Agenda municipal. — Memento des Maires et Adjoints, — 32ᵉ année.

Agenda des Percepteurs. — 29ᵉ année.

Annuaire des Conducteurs des Ponts et Chaussées et des Gardes-Mines. — 34ᵉ année.

Annuaire des Agents Voyers. — 46ᵉ année.

Annuaire de l'Enregistrement. — 17ᵉ année.

Journal des Instituteurs. — 34ᵉ année (hebdomadaire).

Revue de l'Enseignement secondaire et supérieur. — 8ᵉ année (bi-mensuel).

Annales des Contributions indirectes. — 59ᵉ année (bi-mensuel).

Mémorial des Percepteurs. — 68ᵉ année (bi-mensuel).

Moniteur des Sapeurs-Pompiers. — 19ᵉ année (bi-mensuel).

École des Communes. — 60ᵉ année, Maires et Conseillers municipaux (mensuel).

Bulletin des Lois. — 43ᵉ année (mensuel).

Bulletin des Sociétés de Secours mutuels. — 38ᵉ année (mensuel).

Annales des Chemins vicinaux. — 47ᵉ année (mensuel).

Annales des Conducteurs des Ponts et Chaussées. — 35ᵉ année (bi-mensuel).

Bulletin des Contributions directes. — 60ᵉ année (mensuel).

Bulletin du Personnel de l'Enregistrement. — 18ᵉ année (mensuel).

Moniteur officiel du Commerce. — 9ᵉ année (hebdomadaire).

MUSIQUE

Figaro musical, publication mensuelle comprenant cent pages de musique moderne, inédite ou classique.

Jeanne d'Arc, drame historique en cinq actes, par Benjamin Godard, paroles de M. Joseph Fabre.

A une Étoile, par G. Salvayre, sur une poésie d'Alfred de Musset.

Le Fil de la Vierge, par Alix Fournier, sur un poème de Mᵐᵉ Judith Gautier.

TYP. FIRMIN-DIDOT ET C°. — MESNIL (EURE).

OUVRAGES RÉCEMMENT PARUS.

BERTRAND (J.), de l'Académie française, Secrétaire perpétuel de l'Académie des Sciences. — **Leçons sur la Théorie mathématique de l'Électricité**, professées au Collège de France. Gr. in-8; 1890.   10 fr.

— Calcul des probabilités. Grand in-8; 1889...   12 fr.

— Thermodynamique. Grand in-8, avec figures; 1887.......................................   10 fr.

BOUSSINESQ, membre de l'Institut, professeur à la Faculté des Sciences. — **Cours élémentaire d'Analyse infinitésimale**. Ouvrage spécialement destiné aux personnes qui étudient cette science *en vue de ses applications mécaniques.* 2e édition. 2 volumes grand in-8, avec figures.

Tome I : *Calcul différentiel;* 1887...   17 fr.
Tome II : *Calcul intégral;* 1890..   23 fr. 50

CHAPPUIS (J.), agrégé, docteur ès Sciences, professeur de Physique générale à l'École Centrale, et **BERGET** (A.), docteur ès Sciences, attaché au laboratoire des recherches physiques de la Sorbonne. — **Leçons de Physique générale**. *Cours professé à l'École Centrale des Arts et Manufactures et complété suivant le programme de la Licence ès sciences physiques.* 3 volumes grand in-8, se vendant séparément :

Tome I : *Instruments de mesure. Chaleur.* Avec 175 figures; 1891.................   13 fr.
Tome II : *Électricité et Magnétisme.* Avec 305 figures; 1891......................   13 fr.
Tome III : *Acoustique. Optique. Électro-optique.* Avec 193 figures; 1892...........   10 fr.

DARBOUX (G.), membre de l'Institut, professeur à la Faculté des Sciences. — **Leçons sur la théorie générale des surfaces et les applications géométriques du Calcul infinitésimal**. 3 volumes grand in-8, avec figures, se vendant séparément :

Ire Partie : *Généralités. — Coordonnées curvilignes. — Surfaces minima;* 1887 ..   15 fr.
IIe Partie : *Les congruences et les équations linéaires aux dérivées partielles. — Des lignes tracées sur les surfaces;* 1889...   15 fr.
IIIe Partie : *Lignes géodésiques et courbure géodésique. — Paramètres différentiels. — Déformation des surfaces;* 1892. Prix pour les souscripteurs........................   15 fr.

Les deux premiers fascicules ont paru.

Cette IIIe Partie aura plus de développement que les deux premières, et le prix en sera augmenté à l'apparition.

DUHEM, chargé d'un cours complémentaire de Physique mathématique et de Cristallographie à la Faculté des Sciences de Lille. — **Leçons sur l'Électricité et le Magnétisme.** 3 volumes grand in-8, avec 215 figures, se vendant séparément :

> Tome I : *Conducteurs à l'état permanent.* Avec 112 figures; 1891 .... 16 fr.
> Tome II : *Les aimants et les corps diélectriques.* Avec 32 figures; 1892 .... 14 fr.
> Tome III : *Les courants linéaires.* Avec 71 figures; 1892 .... 15 fr.

GAUTIER (Henri), ancien Élève de l'École Polytechnique, professeur à l'École Monge et au Collège Sainte-Barbe, professeur agrégé à l'École de Pharmacie, et **CHARPY** (**Georges**), ancien Élève de l'École Polytechnique, professeur à l'École Monge. — **Leçons de Chimie**, *à l'usage des élèves de Mathématiques spéciales.* Grand in-8, avec 83 figures; 1892.......................... 9 fr.

GOULIER (C.-M.), Colonel du Génie en retraite. — **Études théoriques et pratiques sur les levers topométriques et en particulier sur la tachéométrie.** Un volume in-8 de xxii-542 pages, avec 168 figures et un portrait de l'Auteur, photogravé par *Dujardin;* 1892 .... 8 fr.

JAMIN (J.), Secrétaire perpétuel de l'Académie des Sciences, professeur de Physique à l'École Polytechnique, et **BOUTY** (**E.**), professeur à la Faculté des Sciences. — **Cours de Physique de l'École Polytechnique.** 4ᵉ édition, augmentée et entièrement refondue, par E. Bouty. 4 forts volumes in-8 de plus de 4000 pages, avec 1587 figures et 14 planches sur acier, dont 2 en couleur; 1885-1891. (*Autorisé par décision ministérielle.*) (Ouvrage complet.)............................ 72 fr.

On vend séparément (voir le Catalogue) :

> Tome I : *Instruments de mesure. Hydrostatique. Physique moléculaire.* 243 figures et 1 planche... 9 fr.
> (1ᵉʳ fascicule, 5 fr. — 2ᵉ fascicule, 4 fr.)
> Tome II : *Chaleur.* 193 figures et 2 planches...................................... 15 fr.
> (1ᵉʳ fascicule, 5 fr. — 2ᵉ fascicule, 5 fr. — 3ᵉ fascicule, 5 fr.)
> Tome III : *Acoustique. Optique.* 511 figures et 8 planches.......................... 22 fr.
> (1ᵉʳ fascicule, 4 fr. — 2ᵉ fascicule, 4 fr. — 3ᵉ fascicule, 14 fr.)
> Tome IV (1ʳᵉ Partie) : *Électricité statique et dynamique.* 316 figures et 2 planches.. 13 fr.
> (1ᵉʳ fascicule, 7 fr. — 2ᵉ fascicule, 6 fr.)
> Tome IV (2ᵉ Partie) : *Magnétisme. Applications.* 324 figures et 1 planche........... 13 fr.
> (3ᵉ fascicule, 8 fr. — 4ᵉ fascicule, 5 fr.)

— **Tables générales,** par ordre de matières et par noms d'auteur, des quatre volumes du *Cours de Physique.* In-8; 1891 .... 60 c.

> Tous les trois ans, un Supplément destiné à exposer les progrès accomplis pendant cette période viendra compléter ce grand Traité et le maintenir au courant des derniers travaux.

LACOUTURE (Charles). — **Répertoire chromatique.** *Solution raisonnée et pratique des problèmes les plus usuels dans l'étude et l'emploi des couleurs.* 29 Tableaux en chromo représentant 952 teintes différentes et définies groupées en plus de 600 gammes typiques. In-4, contenant un texte de xi-144 pages, vrai Traité de la science pratique des couleurs, accompagné de nombreux diagrammes et suivi d'un atlas de 29 Tableaux en chromo qui offrent à la fois l'illustration du texte et de nouvelles ressources pour les applications. (Ouvrage honoré d'une *médaille d'or* par la Société industrielle du Nord de la France, 9 janvier 1891.)

> Broché.................... 25 fr. | Cartonné avec luxe........ 30 fr.

LAURENT (H.), examinateur d'admission à l'École Polytechnique. — **Traité d'Analyse.** 7 volumes in-8, avec figures (Ouvrage complet.).. 73 fr.

> Tome I. — *Calcul différentiel. Applications analytiques et géométriques;* 1885.... 10 fr.
> Tome II. — *Applications géométriques;* 1886.................................. 12 fr.
> Tome III. — *Calcul intégral. Intégrales définies et indéfinies;* 1888................ 12 fr.
> Tome IV. — *Théorie des fonctions algébriques et leurs intégrales;* 1889 ...... 12 fr.
> Tome V. — *Équations différentielles ordinaires;* 1890.......................... 10 fr.
> Tome VI. — *Équations aux dérivées partielles;* 1890............................ 8 fr. 50
> Tome VII et dernier. — *Applications géométriques de la théorie des équations différentielles;* 1891 .... 8 fr. 50

LEVY (Maurice), membre de l'Institut, ingénieur en chef des Ponts et Chaussées, professeur au Collège de France et à l'École centrale des Arts et Manufactures. — **La Statique graphique et ses applications aux constructions.** 4 volumes grand in-8, avec 4 atlas, même format.

    Ire PARTIE. — *Principes et applications de Statique graphique pure.* Grand in-8 de xxviii-549 pages, avec figures et un Atlas de 26 planches; 1886...................... 22 fr.

    IIe PARTIE. — *Flexion plane. Lignes d'influence. Poutres droites.* Grand in-8 de xiv-345 pages, avec figures et un Atlas de 6 planches; 1886... 15 fr.

    IIIe PARTIE. — *Arcs métalliques. Ponts suspendus rigides. Coupoles et corps de révolution.* Grand in-8 de x-418 pages, avec figures et un Atlas de 8 planches; 1887................ 17 fr.

    IVe PARTIE. — *Ouvrages en maçonnerie. Systèmes réticulaires à lignes surabondantes. Index alphabétique des quatre Parties.* Grand in-8 de ix-350 pages, avec figures et un Atlas de 4 planches; 1888.. 15 fr.

LUCAS (Edouard). — **Théorie des nombres.** *Le calcul des nombres entiers. Le calcul des nombres rationnels. La divisibilité arithmétique.* Grand in-8, avec figures; 1891................... 15 fr.

MASCART (E.), membre de l'Institut, professeur au Collège de France, directeur du Bureau central météorologique. — **Traité d'Optique.** 2 volumes grand in-8 avec Atlas, se vendant séparément :

    TOME I : *Systèmes optiques. Interférences. Vibrations. Diffraction. Polarisation. Double réfraction.* Avec 199 figures et 2 planches; 1889...................................... 20 fr.

    TOME II et ATLAS : *Propriétés des cristaux. Polarisation rotatoire. Réflexion vitrée. Réflexion métallique. Réflexion cristalline. Polarisation chromatique.* Avec 113 figures et Atlas cartonné contenant 2 belles planches sur cuivre dont une en couleur (Propriétés des cristaux. Spectre solaire. Phénomènes de polarisation chromatique et rotatoire); 1891. Prix pour les souscripteurs... 24 fr.

    Le texte du tome II est complet; mais l'Atlas ne sera envoyé qu'ultérieurement aux souscripteurs, en raison des soins et du temps nécessités par la gravure.

    TOME III : *Polarisation par diffraction. Propagation de la lumière. Photométrie. Réfractions astronomiques.* Un très fort volume avec figures. Le premier fascicule (1892), contenant 350 pages, a paru. Prix pour les souscripteurs................................. 20 fr.

PICARD (Émile), membre de l'Institut, professeur à la Faculté des Sciences. — **Traité d'Analyse** (Cours de la Faculté des Sciences). 4 volumes grand in-8, se vendant séparément.

    TOME I : *Intégrales simples et multiples. — L'équation de Laplace et ses applications. — Développements en séries. — Applications géométriques du Calcul infinitésimal.* Avec figures; 1891... 15 fr.

    TOME II : *Fonctions analytiques. — Principes généraux de la théorie des équations différentielles.*.. (*Sous presse.*)

    TOME III : *Equations différentielles ordinaires* .... (*En préparation.*)

    TOME IV : *Equations aux dérivées partielles* .... (*En préparation.*)

POINCARÉ (H.), membre de l'Institut, professeur à la Faculté des Sciences. — **Les Méthodes nouvelles de la Mécanique céleste.** 2 volumes grand in-8, se vendant séparément :

    TOME I : *Solutions périodiques. — Non-existence des intégrales uniformes. — Solutions asymptotiques.* Avec figures; 1892.. 10 fr.

    TOME II... (*Sous presse.*)

POLLARD (J.) et **DUDEBOUT** (A.), ingénieurs de la Marine, professeurs à l'École du Génie maritime. — **Architecture navale.** — **Théorie du navire.** 4 volumes grand in-8. (*Ouvrage couronné par l'Académie des Sciences.*)

    TOME I : *Calcul des éléments géométriques des carènes droites et inclinées. — Géométrie du navire.* Avec 191 figures et 2 planches; 1890.................................. 13 fr.

    TOME II : *Statique du navire. — Dynamique du navire : roulis en milieu calme, résistant ou non résistant.* Avec 228 figures; 1891.................................. 13 fr.

    TOME III : *Dynamique du navire : mouvement de roulis sur houle; mouvement rectiligne horizontal direct. (Résistance des carènes.)* Avec 163 figures; 1892.................. 15 fr.

    TOME IV : *Dynamique du navire dans le mouvement curviligne horizontal.* (*Sous presse.*)

TISSERAND (F.), membre de l'Institut et du Bureau des Longitudes. — **Traité de Mécanique céleste.** 3 volumes in-4.

    TOME I : *Perturbations des planètes d'après la méthode des constantes arbitraires;* 1889... 25 fr.

    TOME II : *Théorie de la figure des corps célestes et de leur mouvement de rotation;* 1891... 28 fr.

    TOME III : *Perturbations des planètes d'après la méthode de Hansen. Théorie de la Lune.*.. (*Sous presse.*)

ENCYCLOPÉDIE SCIENTIFIQUE DES AIDE-MÉMOIRE.

Cette Encyclopédie, publiée sous la direction de M. H. Léauté, membre de l'Institut, comprendra 300 volumes environ, petit in-8. Il paraît 3 à 4 volumes par mois depuis février 1892. Chaque volume se vend séparément :

Broché.................... 2 fr. 50 c. | Cartonné...................... 3 fr.

Gouilly (A.). — *Transmission de la force motrice par air comprimé ou raréfié.*

Picou (R.-V.). — *Distribution de l'Électricité par installations isolées.*

Duquesnay. — *Résistance des matériaux.*

Dwelshauvers-Dery. — *Étude expérimentale calorimétrique de la machine à vapeur.*

Madamet (A.). — *Tiroirs et distributeurs de vapeur. Appareils de mise en marche et de changement de marche.*

Magnier de la Source (le Dr L.). — *Analyse des vins.*

Alheilig. — *Recette, conservation et travail du bois. Outils et machines Outils employés dans ce travail.*

Witz (Aimé). — *Thermodynamique à l'usage des Ingénieurs.*

Picou (R.-V.). — *Distribution de l'Électricité par usines centrales.*

Lindet. — *La Bière.*

Le Chatelier. — *Le Grisou.*

Schlœsing (Th.) fils. — *Chimie agricole.*

Sauvage. — *Les divers types de moteurs à vapeur.*

Madamet. — *Distribution de la vapeur. Épures de régulation. Courbes d'indicateurs. Tracé des diagrammes.*

Alheilig. — *Corderie.*

Croneau. — *Canons, torpilles et cuirassés.*

Lecomte. — *Les textiles végétaux. Leur examen microchimique.*

De Launay. — *Formation des gîtes métallifères.*

Jean (Ferdinand). — *L'industrie des peaux et des cuirs.*

Dudebout. — *Appareils accessoires des moteurs à vapeur.*

Gautier (H.). — *Essais d'or et d'argent.*

Naudin (Laurent). — *Fabrication des vernis.*

Gérard-Lavergne. — *Les Turbines.*

Laurent (H.). — *Théorie des jeux de hasard.*

Guenez. — *La décoration de la porcelaine au feu de moufle.*

Madamet. — *Détente variable de la vapeur. Dispositifs qui la produisent.*

Caspari. — *Chronomètres de marine.*

Rouché. — *Perspective.*

Le Verrier. — *La Fonderie.*

Widmann. — *État actuel de la machine à vapeur.*

Boire (Emile). — *La Sucrerie.*

Léauté (H.) et Bérard (A.). — *Transmissions par câbles métalliques.*

BIBLIOTHÈQUE PHOTOGRAPHIQUE.

La Bibliothèque photographique se compose d'environ 150 volumes et embrasse l'ensemble de la Photographie considérée comme science ou comme art. A côté d'ouvrages d'une certaine étendue, tels que le *Traité* de M. Davanne, le *Traité encyclopédique* de M. Fabre, le *Dictionnaire de Chimie photographique* de M. Fourtier, etc., elle comprend une série de monographies nécessaires à celui qui veut étudier à fond un procédé et apprendre les tours de mains indispensables pour le mettre en pratique. Elle s'adresse donc aussi bien à l'amateur qu'au professionnel, ou savant qu'au praticien.

EXTRAIT DU CATALOGUE.

Davanne. — *La Photographie. Traité théorique et pratique.* 2 beaux volumes gr. in-8, avec 234 figures et 4 planches, se vendant séparément. Chaque volume.............. 16 fr.

Fabre (C.). — *Traité encyclopédique de Photographie.* 4 beaux volumes gr. in-8, avec plus de 700 figures et 2 planches; 1889-1891 (Ouvrage complet)......................... 48 fr.

Chaque volume se vend séparément. 14 fr.

Tous les trois ans, un supplément, destiné à exposer les progrès accomplis pendant cette période, viendra compléter ce Traité et le maintenir au courant des dernières découvertes.

Le premier fascicule du premier SUPPLÉMENT a paru, en juillet 1892. Ce Supplément est publié comme les précédents volumes, en cinq fascicules.

Prix du Supplément en souscription........ 10 fr.

Dès que le volume sera complet, le prix sera porté à 14 fr.

Fourtier (H.). — *Dictionnaire pratique de Chimie photographique.* Gr. in-8, avec figures; 1892..................... 8 fr.

Fourtier (H.). — *Les Positifs sur verre.* Gr. in-8; 1892...................... 4 fr. 50.

Londe (A.). — *La Photographie instantanée.* 2e édit. In-18 jésus, avec fig.; 1890. 2 fr. 75 c.

Londe. — *Traité pratique du développement.* 2e édit. In-18 jésus, avec fig. et 4 doubles planches photocollographiques; 1892... 2 fr. 75 c.

Soret (A.). — *Optique photographique. Notions nécessaires aux photographes amateurs. Étude de l'objectif. Applications.* In-18 jésus, avec 72 figures; 1891............. 3 fr.

Vidal. — *Manuel du touriste photographe.* 2 vol. in-18 j., avec fig. 2e édit.; 1889... 10 fr.

Vieuille (G.). — *Nouveau guide pratique du photographe amateur.* 3e édition, entièrement refondue. In-18 jésus; 1892........ 2 fr. 75 c.

Wallon (E.). — *Traité élémentaire de l'objectif photographique.* Gr. in-8, avec 135 figures; 1891.. .... 7 fr. 50 c.

18651   PARIS. — IMPRIMERIE GAUTHIER-VILLARS ET FILS, QUAI DES GRANDS-AUGUSTINS, 55.

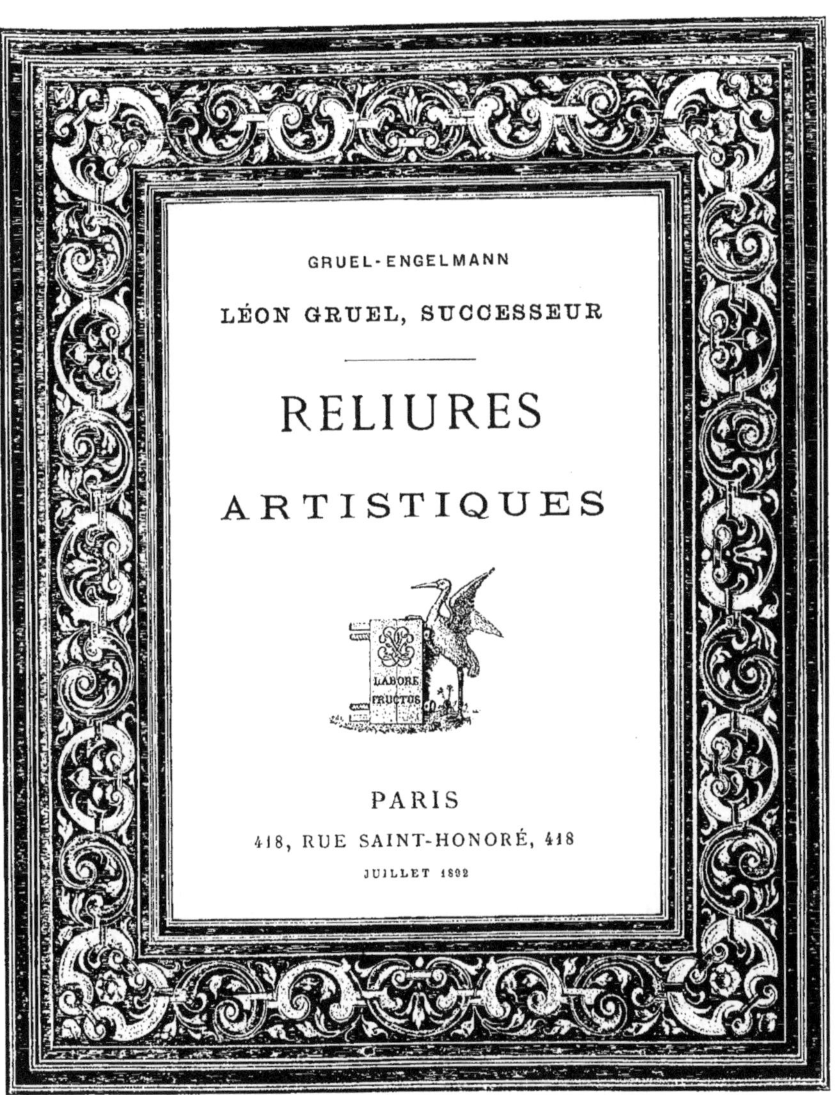

Encadrement d'une reliure en cuir ciselé et ramolayé au burin. Style renaissance.

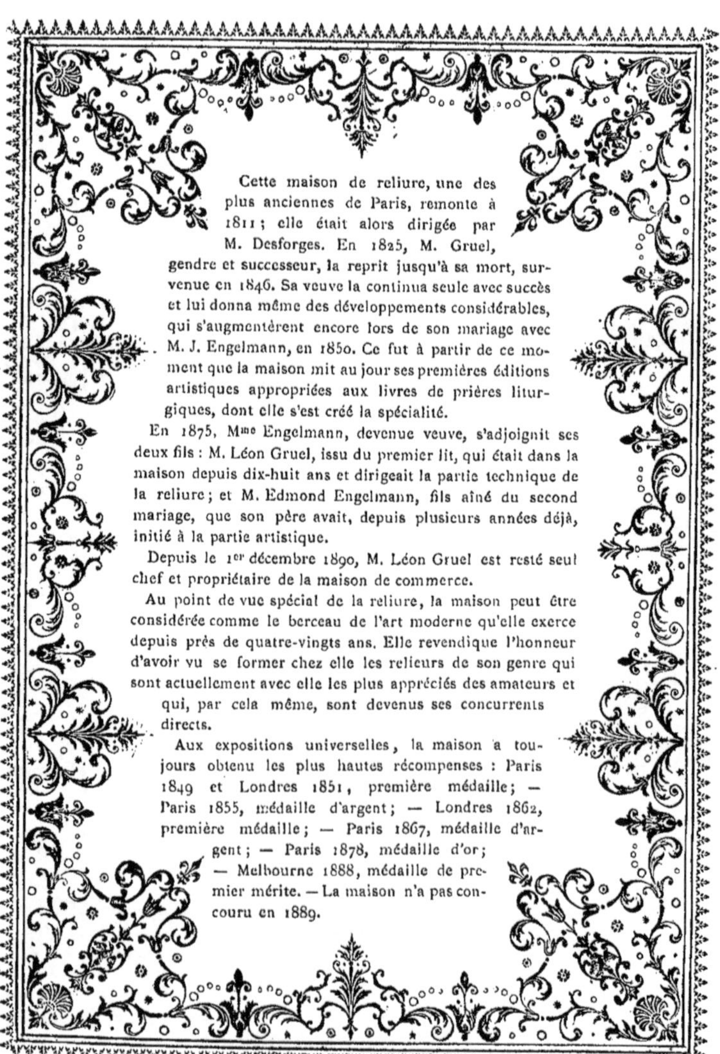

Cette maison de reliure, une des plus anciennes de Paris, remonte à 1811 ; elle était alors dirigée par M. Desforges. En 1825, M. Gruel, gendre et successeur, la reprit jusqu'à sa mort, survenue en 1846. Sa veuve la continua seule avec succès et lui donna même des développements considérables, qui s'augmentèrent encore lors de son mariage avec M. J. Engelmann, en 1850. Ce fut à partir de ce moment que la maison mit au jour ses premières éditions artistiques appropriées aux livres de prières liturgiques, dont elle s'est créé la spécialité.

En 1875, Mme Engelmann, devenue veuve, s'adjoignit ses deux fils : M. Léon Gruel, issu du premier lit, qui était dans la maison depuis dix-huit ans et dirigeait la partie technique de la reliure ; et M. Edmond Engelmann, fils aîné du second mariage, que son père avait, depuis plusieurs années déjà, initié à la partie artistique.

Depuis le 1er décembre 1890, M. Léon Gruel est resté seul chef et propriétaire de la maison de commerce.

Au point de vue spécial de la reliure, la maison peut être considérée comme le berceau de l'art moderne qu'elle exerce depuis près de quatre-vingts ans. Elle revendique l'honneur d'avoir vu se former chez elle les relieurs de son genre qui sont actuellement avec elle les plus appréciés des amateurs et qui, par cela même, sont devenus ses concurrents directs.

Aux expositions universelles, la maison a toujours obtenu les plus hautes récompenses : Paris 1849 et Londres 1851, première médaille ; — Paris 1855, médaille d'argent ; — Londres 1862, première médaille ; — Paris 1867, médaille d'argent ; — Paris 1878, médaille d'or ; — Melbourne 1888, médaille de premier mérite. — La maison n'a pas concouru en 1889.

Dentelle à petits fers, dite à l'oiseau. Style dix-huitième siècle.

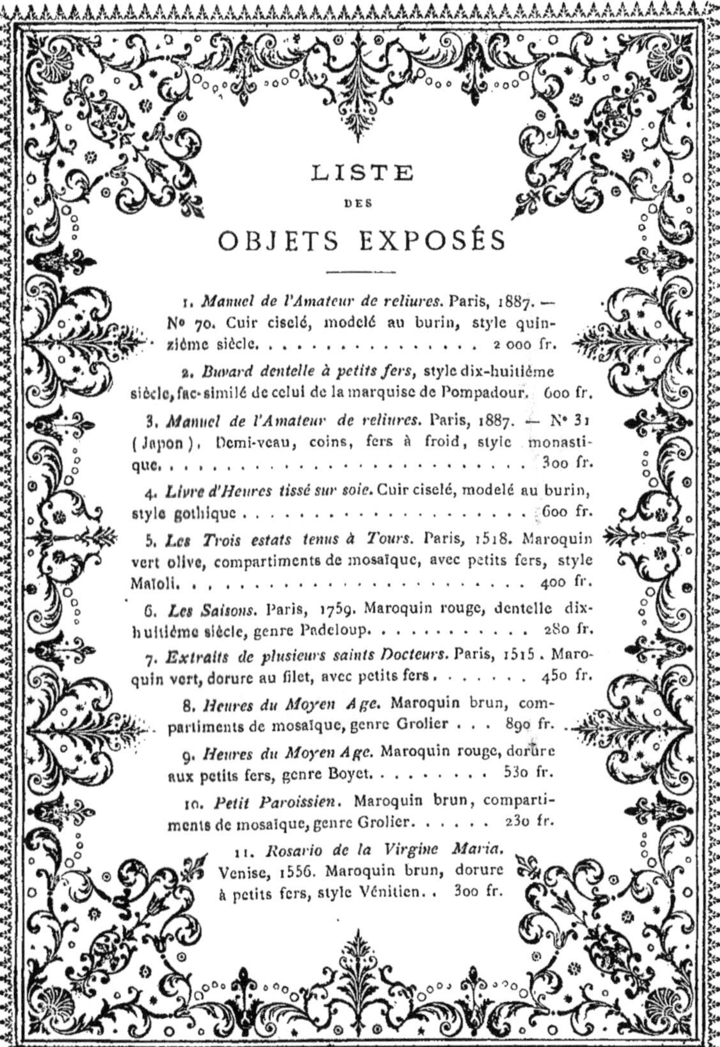

LISTE

DES

OBJETS EXPOSÉS

1. *Manuel de l'Amateur de reliures.* Paris, 1887. — Nº 70. Cuir ciselé, modelé au burin, style quinzième siècle. . . . . 2 000 fr.

2. *Buvard dentelle à petits fers,* style dix-huitième siècle, fac-similé de celui de la marquise de Pompadour. 600 fr.

3. *Manuel de l'Amateur de reliures.* Paris, 1887. — Nº 31 (Japon), Demi-veau, coins, fers à froid, style monastique. . . . . 300 fr.

4. *Livre d'Heures tissé sur soie.* Cuir ciselé, modelé au burin, style gothique . . . . 600 fr.

5. *Les Trois estats tenus à Tours.* Paris, 1518. Maroquin vert olive, compartiments de mosaïque, avec petits fers, style Maïoli. . . . . 400 fr.

6. *Les Saisons.* Paris, 1759. Maroquin rouge, dentelle dix-huitième siècle, genre Padeloup. . . . . 280 fr.

7. *Extraits de plusieurs saints Docteurs.* Paris, 1515. Maroquin vert, dorure au filet, avec petits fers. . . . . . . 450 fr.

8. *Heures du Moyen Age.* Maroquin brun, compartiments de mosaïque, genre Grolier . . . 890 fr.

9. *Heures du Moyen Age.* Maroquin rouge, dorure aux petits fers, genre Boyet. . . . . 530 fr.

10. *Petit Paroissien.* Maroquin brun, compartiments de mosaïque, genre Grolier. . . . . . 230 fr.

11. *Rosario de la Virgine Maria.* Venise, 1556. Maroquin brun, dorure à petits fers, style Vénitien. . 300 fr.

Dentelle à petits fers, dite à l'oiseau. Style dix-huitième siècle.

Composition emblématique, exécutée en mosaïque de couleur et au filet
sur la reliure d'un manuscrit de *Don Juan*.

Imprimerie D. Dumoulin et Cie, à Paris.

LIBRAIRIE HACHETTE & CIE

Notre Librairie, qui était à l'origine (1826) une Librairie purement classique, s'est transformée ensuite par l'adjonction de toute une série d'ouvrages embrassant la *Littérature générale*, les *Connaissances utiles*, et les *Publications de grand luxe illustrées*.

Nous donnons ci-après les titres des principales divisions de notre Catalogue, et nous noterons seulement, pour donner une idée de la production de notre Librairie, que près de 2 000 ouvrages y ont été publiés dans les dix dernières années, et que l'ensemble de nos publications forme un total de 6 000 volumes environ. Savoir :

ÉDUCATION ET ENSEIGNEMENT. — 2 350

Pédagogie. — Enseignement primaire. — Enseignement spécial. — Enseignement secondaire des jeunes filles. — Enseignement secondaire classique.

LITTÉRATURE GÉNÉRALE, OUVRAGES ILLUSTRÉS
ÉDITIONS DE GRAND LUXE. — 3 650

Grands Écrivains de la France. — Publications littéraires, historiques, scientifiques, FORMAT in-8. — Grands Dictionnaires. — Collection de Voyages. — Bibliothèque variée et collections diverses, FORMAT in-16. — Éditions populaires. — Histoire universelle. — Guides et Itinéraires pour les Voyageurs. — Ouvrages pour l'Enfance et la Jeunesse. — Publications illustrées et Éditions de grand luxe.

OUVRAGES EXPOSÉS

ÉDUCATION ET ENSEIGNEMENT

RÉGIMBEAU
Syllabaire. In-16, cartonné.

PÉCAUT
Petit livre de lectures. In-16, cartonné.

JOST et HUMBERT
Lectures pratiques. In-16, cartonné.

DUPLESSIS
Grammaire Lexique de la langue française. In-16, cart.

DUCOUDRAY
Histoire et civilisation de la France. In-16, cartonné.

LEFRANC
Arithmétique et calcul mental. In-16, cartonné.

LEMONNIER et SCHRADER
Éléments de géographie. Cours supérieur. In-4.

SAFFRAY
Leçons de choses. In-16, cartonné.

WIRTH
La future ménagère. In-16, cartonné.

FAIVRE
Enseignement du travail manuel. In-16, cartonné.

BIBLIOTHÈQUE DES ÉCOLES ET DES FAMILLES
Livres de prix. Grand in-8, relié.

LANSON
Principes de composition et de style. In-16, cartonné.

J. HETZEL & Cie

LIBRAIRIE SPÉCIALE

De l'Enfance et de la Jeunesse

Bibliothèque d'Éducation et de Récréation

A L'USAGE DE L'ENFANCE, DE LA JEUNESSE,
DES LYCÉES, COLLÉGES ET MAISONS D'ÉDUCATION, DES BIBLIOTHÈQUES PUBLIQUES,
SCOLAIRES ET POPULAIRES

LIVRES DE PRIX — LIVRES D'ÉTRENNES

Bibliothèque des Professions

Industrielles, Commerciales et Agricoles

Magasin Illustré d'Éducation et de Récréation

Librairie Générale

POÉSIES — ROMANS — VOYAGES — HISTOIRE — SCIENCES

Œuvres complètes de : VICTOR HUGO,
JULES VERNE, ERCKMANN-CHATRIAN, P.-J. STAHL, JEAN MACÉ,
ANDRÉ LAURIE, ETC., ETC.

18, rue Jacob — PARIS — 18, rue Jacob

J. HETZEL et Cⁱᵉ

MAGASIN et BIBLIOTHÈQUE

ILLUSTRÉS

d'Éducation et de Récréation

600 Volumes et Albums

MAGASIN D'ÉDUCATION ET DE RÉCRÉATION

Couronné par l'Académie française

Fondé par P.-J. STAHL en 1864

DIRIGÉ PAR

J. VERNE — J. HETZEL — J. MACÉ

28ᵉ ANNÉE. — 56 VOLUMES

ABONNEMENTS : PARIS, 14 FRANCS — DÉPARTEMENTS, 16 FRANCS — UNION, 17 FRANCS

COLLECTION IN-8° ILLUSTRÉE

J. VERNE complet. — 32 Volumes

Œuvres pour la Jeunesse

DE

P.-J. STAHL. — J. SANDEAU. — E. LEGOUVÉ. — A. DAUDET.
HECTOR MALOT. — ANDRÉ LAURIE. — JEAN MACÉ. — LUCIEN BIART. — A. DUMAS. — G. SAND.
O. FEUILLET. — L. ULBACH. — VICTOR HUGO.
DE LAPRADE. — X. SAINTINE. — ERCKMANN-CHATRIAN. — E. MULLER. — VIOLLET-LE-DUC.
C. FLAMMARION. — E. RECLUS. — GRIMARD. — Dʳ CANDÈZE. — MAYNE-REID.
BADIN. — BENTZON. — BLANDY.
BOISSONNAS. — DE BRÉHAT. — DESNOYERS. — DUPIN DE SAINT-ANDRÉ. — H. FAUQUEZ.
GENNEVRAYE. — RATISBONNE. — B. VADIER.
BÉNÉDICT. — J. LERMONT. — W. BUSNACH. — H. CAUVAIN. — VALLERY-RADOT.
P. PERRAULT. — CH. CLÉMENT, ETC., ETC.

Bibliothèque de Mademoiselle LILI

ET DE SON COUSIN LUCIEN

130 ALBUMS STAHL

ILLUSTRÉS PAR

FRŒLICH, FROMENT, GEOFFROY, SCHULER, ADRIEN MARIE, DETAILLE, FATH, GRISET, JUNDT,
LALAUZE. E. LAMBERT, PIRODON, TINANT, ETC.

JOUVET & CIE

ÉDITEURS

| Furne, 1826-1860 | Furne, Jouvet et Cie, 1865-80 |
| Furne et Cie, 1860-1865 | Jouvet et Co, 1880 |

Rue Palatine, 5, à Paris.

Histoire, Haute littérature, Science vulgarisée, Industrie, Géographie, Voyages, Histoire naturelle, Enseignement primaire et secondaire, Pédagogie, Ouvrages d'éducation, Piété.

La Librairie Jouvet et Cie, depuis sa fondation, en 1826, a toujours soigné l'exécution matérielle et artistique des ouvrages publiés par elle. Chacun connaît les Editions de bibliothèque, illustrées de gravures sur acier, des grands Classiques français, Corneille, Racine, Molière, Boileau, La Fontaine, Mme de Sévigné, Beaumarchais, La Bruyère, etc., etc.; les œuvres de A. Thiers, de Henri Martin, de Ernest Hamel, d'Augustin Challamel, d'Augustin Thierry, de Chateaubriand, de la *Géographie universelle* de Malte-Brun, de Buffon et de Lacépède, de Lamartine, de Walter Scott, de F. Cooper, des *Vierges de Raphaël*, etc., etc.; Raffet, les frères Johannot, Desenne, Rouargue, Horace Vernet, Traviès, Devéria, travaillèrent à cette collection qui renferme plus de 2 000 planches.

La Maison Jouvet et Cie est une des premières qui aient publié de grands ouvrages par livraisons à bon marché : le succès était dû à l'exécution et au nombre des gravures sur bois qui illustrent la série des éditions populaires destinées à la vulgarisation de l'Histoire, de la Science et de l'Industrie. Les principaux ouvrages publiés sous cette forme sont l'*Histoire de la Révolution française*, par A. Thiers; les *Merveilles du la Science*, par L. Figuier, et le Supplément ; les *Merveilles de l'Industrie*, du même auteur, et enfin l'*Histoire de France populaire*, par Henri Martin.

Comme grande œuvre purement artistique, la LIBRAIRIE JOUVET ET Cie a publié l'*Histoire des Croisades*, par Michaud, de l'Académie française, illustrée de cent compositions, par Gustave Doré, le maître regretté.

Dans le domaine de la géographie, MM. JOUVET ET Cie sont les éditeurs de l'Atlas adopté par le Ministère de la Guerre pour l'École de Saint-Cyr. Ils ont publié en outre une série de volumes de géographie technique et un cours complet pour les candidats à l'École militaire, avec de nombreux croquis en noir et en couleur.

Une importante collection, au point de vue de l'intérêt et de l'utilité, est la *Bibliothèque instructive*. Trente-cinq volumes sont déjà parus et forment un musée des connaissances utiles dans tous les genres.

Des livres d'éducation proprement dits ont été dans cette librairie publiés en grand nombre et sous divers formats ; parmi les auteurs on peut citer : A. Assollant, Élie Berthet, Edouard Laboulaye, C.-E. Matthis, Charles Canivet, Mme Charles Bigot, Jules Gourdault, etc., etc., lauréats de l'Académie française ; enfin, au point de vue pédagogique, au milieu de livres et d'atlas classiques pour l'Enseignement primaire et secondaire, on remarque une collection considérable de Récompenses scolaires ou Bons points (portraits, scènes historiques, monuments).

Au point de vue artistique, la Maison JOUVET ET Cie a traité tous les genres d'illustration et compte, en même temps que cent mille bois signés Philippoteaux, G. Doré, de Neuville, Meissonier, E. Bayard, Yan'Dargent, Clerget, Thorigny, etc , etc., des spécimens en nombre considérable de gravures sur acier, sur cuivre, sur pierre, ainsi qu'aux divers procédés d'héliogravure.

MM. Jouvet et Cie ont été récompensés de la manière suivante aux diverses Expositions universelles auxquelles ils ont pris part :

Expositions de Paris, 1867, Médaille d'argent; 1878, Rappel de Médaille d'argent; Anvers, 1885, Médaille d'or; Bruxelles, 1888, Médaille d'or; Barcelone, 1888, Médaille d'or; Paris, 1889, Médaille d'or.

H. DURAND
La Hollande et les Hollandais. In-8 jésus, 120 grav.

E.-O. LAMI
Voyages pittoresques en France et a l'Étranger
In-8 jésus, 203 gravures.

LE MAGASIN PITTORESQUE
Recueil illustré paraissant le 15 et le 30 de chaque mois.
1re série : 1832-1882. 50 vol. — 2e série : 10e année.

LARIVE ET FLEURY
Dictionnaire français illustré des mots et des choses.
4 847 gravures, 207 cartes. 3 volumes in-4

HENRI MARTIN
Histoire de France populaire depuis les temps
les plus reculés jusqu'a nos jours.
1 725 gravures. 7 volumes in-8 jésus.

A. LAHURE

IMPRIMEUR-ÉDITEUR

RUE DE FLEURUS, 9, A PARIS

———

PARIS, EXPOSITION UNIVERSELLE 1878 : MÉDAILLE D'OR
BORDEAUX, 1882 : DIPLÔME D'HONNEUR
PARIS, EXPOSITION DE L'UNION CENTRALE DES
ARTS DÉCORATIFS, 1882 : PRIX UNIQUE DU LIVRE
AMSTERDAM, 1883 : MÉDAILLE D'OR
ANVERS, 1885 : MÉDAILLE D'OR
MELBOURNE, 1888 : MÉDAILLE DE PREMIER MÉRITE

PARIS, EXPOSITION UNIVERSELLE, 1889 : GRAND PRIX

La Société de l'Imprimerie Générale (imprimeries Ch. Lahure et Simon Raçon) réunit tous les services nécessaires à l'exploitation d'une grande imprimerie dans ses ateliers de la rue de Fleurus et de la rue d'Assas, où elle occupe un personnel variant de cinq cents à six cents personnes.

Être à la fois imprimerie artistique et imprimerie industrielle, tel a été le double but qu'a poursuivi et que croit avoir atteint l'Imprimerie Lahure. De ses presses sortent tout ensemble les livres de luxe, les belles publications illustrées des grands éditeurs, les journaux, les périodiques, les catalogues des magasins de nouveautés, en noir et en couleurs, les cartes géographiques, les classiques, les livres en langues étrangères, les papiers-valeurs, titres de toute nature, actions, billets de loterie, les prospectus, les circulaires, etc.

Il est une branche que l'Imprimerie Lahure a tout particulièrement cultivée et qui n'a fait qu'ajouter à sa vieille réputation : l'impression typographique des couleurs. C'est elle qui la première, après de longs et coûteux essais, a rendu pratique ce genre d'impressions en le faisant passer de la presse à bras à la presse mécanique.

Pour la composition des langues latine, grecque, anglaise, allemande, italienne, espagnole et portugaise, elle s'est attaché des ouvriers spéciaux, d'une habileté éprouvée. A ce propos, il est utile de rappeler ici que, dans les sept concours organisés par l'*Association pour l'encouragement des études grecques en France de 1886 à 1892*, les compositeurs de l'Imprimerie Lahure ont obtenu quatre premiers prix, trois seconds prix et quatre mentions.

Reproduction d'une chromolithographie
de la Maison J. Minot et Cie.

Grâce à son matériel de composition, le plus considérable et le plus complet peut-être qui soit en France, grâce à ses nombreuses presses mécaniques et à son atelier spécial de chromotypographie, l'Imprimerie Lahure exécute avec toute la rapidité et la perfection désirables les travaux qui lui sont confiés, quelle qu'en soit l'importance.

Comme spécimens de ses impressions, on peut citer : *le Tour du Monde, la Nature*, le *Paris Illustré*, le *Paris-Photographe*, le *Figaro-Photographe*, l'*Industrie Électrique*, la *Revue des Arts Graphiques*, la *Géographie universelle* de Reclus, le *Dictionnaire universel de Géographie moderne* de Vivien de Saint-Martin et Rousselet, le *Dictionnaire géographique et administratif de la France et de ses Colonies* de Joanne, l'*Histoire des Grecs*, l'*Histoire des Romains* et l'*Histoire de France* de Duruy, l'*Histoire de la Renaissance* de Müntz, le *Cours de Physique* de Fernet, le *Cours de Physique* de Ganot, le *Cours de Chimie* de Troost (éditions française et espagnole pour ces deux derniers ouvrages), les *Scènes et Épisodes de l'histoire nationale* de Seignobos, les *Atlas Foncin*, le *Traité de Chirurgie* de Duplay et Reclus, le *Traité de Médecine* de Charcot, Bouchard et Brissaud, l'*Histologie* de Ranvier, *Mireille*, *Tolla*, le *Conte de l'Archer*, les *Paysages parisiens* de H. Beraldi, les volumes imprimés pour Boudet, Conquet, la Société des Bibliophiles français, la Société des Amis des Livres.

Les nombreuses impressions qu'exécute l'Imprimerie Lahure pour le Commerce et l'Industrie marchent de pair avec ses beaux travaux de Librairie. C'est ainsi que l'on peut signaler les catalogues en couleurs du Bon Marché, du Printemps, de la Place Clichy, de la Grande Maison de Blanc, de la Manufacture française d'armes de Saint-Étienne, de la Maison Joret-Fontaine, de la Société des Bronzes de Paris, de la fonderie Siot-Decauville, les Albums des Maisons Bord, Pleyel-Wolff, J. Haran, The Eastman Cᵒ, Thomson Houston International Electric Cᵒ, etc., etc.

QUELQUES SPÉCIMENS EXPOSÉS

I. — LIVRES ET PÉRIODIQUES ÉDITÉS PAR L'IMPRIMERIE LAHURE

Le Whist à trois ou Mort, par Ch. Lahure. 1 vol. in-8 anglais, contenant les règles, la manière de jouer, la marque et 122 exemples figurés par des cartes en rouge et noir. . . . . 6 fr.

L'Écarté, par Émile Donnoy. In-8 anglais, contenant les règles, la manière de jouer. la marque et de nombreux exemples figurés par des cartes en rouge et noir. 6 fr.

L'Histoire de France en cent tableaux, par Paul Lehugeur, professeur d'histoire au lycée Henri IV, illustrée de 490 gravures. Relié. . . . . 10 fr.

Le Brésil, par E. Levasseur, membre de l'Institut, avec la collaboration de MM. de Rio-Branco, Eduardo Prado, d'Ourem, Henri Gorceix, Paul Maury, E. Trouessart et Zaborowski, illustré de gravures, cartes, graphiques, accompagné d'un Album de vues du Brésil, exécuté sous la direction de M. de Rio-Branco. . . . . . . 25 fr.

Annuaire des Commerçants (Annuaire Lahure). Indicateur des Fabricants, Marchands en gros et au détail, Commissionnaires en marchandises, Entrepreneurs, Officiers ministériels, Cafés, Hôtels, etc., de Paris, de la Seine, de Seine-et-Oise, de Seine-et-Marne, de l'Oise, et des principales maisons recommandées de France et de l'Étranger. contenant 500 000 adresses. Cartonné. . . . . 5 fr.

Le Cycle, organe hebdomadaire illustré de la Vélocipédie. Abonnements : un an, France . . . . 12 fr.

L'Industrie Électrique, Revue de la Science Électrique et de ses Applications industrielles. Rédacteur en chef : E. Hospitalier. Bi-mensuelle. Abonnements : un an, France. . . . . 24 fr.

Revue des Arts Graphiques, Organe hebdomadaire des Arts Graphiques et des Industries similaires. Abonnements : un an, France . . . . 12 fr.

II. — TRAVAUX EN COULEURS EXÉCUTÉS DEPUIS 1891

REPRODUCTION D'AQUARELLES

4 Planches d'ameublements exécutées pour les Grands Magasins de la Place Clichy (6 couleurs). — Couverture d'un catalogue de grèneterie (6 couleurs). — Couverture du catalogue Reform Cycle (5 couleurs). — 2 Planches extraites de la Médecine Moderne (7 couleurs). — Planches du catalogue de la Manufacture française d'armes de Saint-Étienne. — Couverture de The Eastman Cᵒ (5 couleurs et or). — Couverture du catalogue de la Société des Bronzes de Paris (imitation de reliure, 2 tons et or). — Couvertures de Thomson-Houston International Electric Cᵒ (or, bronze et argent sur papier cuir et noir sur or).

REPRODUCTION DIRECTE

Sachets et Mouchoirs de la Grande Maison de Blanc (4 couleurs). — Fruits et Primeurs de la Maison Jonet-Fontaine (6 couleurs). — Bronzes et Objets d'art de la Société des Bronzes de Paris.

MAISON LAROCHE-JOUBERT ET CIE

FABRICANTS DE PAPIERS

ANGOULÊME. — PARIS, RUE DES ARCHIVES, 11

La Maison Laroche-Joubert est une des plus anciennes de la Charente; elle avait acquis, dans la fabrication des papiers à la main, une grande réputation.

Elle a, suivant en cela l'exemple de la plupart de ses confrères, transformé en 1840-42 son outillage à la forme en outillage à la mécanique. Ses produits nouveaux n'ont pas tardé à jouir de la même réputation que ceux qu'elle fabriquait autrefois avec l'ancien outillage.

Les récompenses qu'elle a reçues depuis lors sans interruption attestent la continuité et le succès de ses efforts pour maintenir sa situation dans la fabrication du papier; elle a obtenu des médailles de première classe partout où elle a exposé, et notamment :

En 1855, à Paris;

En 1862, à Londres;

En 1867, elle n'a pas exposé.

En 1878, elle était hors concours, son chef faisant partie du Jury;

En 1889, elle a obtenu un des trois grands prix attribués à la papeterie française.

Son personnel est associé à ses bénéfices par les liens, rendus de plus en plus étroits, de la participation aux bénéfices largement appliquée; son organisation coopérative lui a valu :

En 1878, un diplôme d'honneur;

En 1889, une médaille d'or;

Cinq de ses collaborateurs ont reçu des médailles d'argent et de bronze en 1889.

Elle fabrique principalement les papiers à lettres et de commerce de qualité supérieure, les vélins et les vergés genre « Angoulême ».

Elle fabrique aussi avec un soin tout particulier des papiers à registres fins et surfins;

Des papiers écolier;

Des parcheminés pour correspondance et pour titres avec ou sans filigranes;

Des papiers à lettres genre anglais;

Des papiers d'impression pour travaux courants.

Elle façonne elle-même ses produits dans de vastes ateliers situés à Angoulême et munis de l'outillage le plus perfectionné.

Elle a plusieurs dépôts tant en France qu'à l'étranger.

A Paris son dépôt est situé, 11, rue des Archives, il va recevoir sur l'impasse Sainte-Croix-de-la-Bretonnerie d'importants agrandissements, nécessités par un sérieux accroissement d'affaires.

A Londres, sa succursale est Purfleet-Wharf, Upper-Thames street, dans la Cité.

Les besoins de sa clientèle sont assurés par la production de ses nombreuses usines et notamment de celles de : Angoulême, Lescalier, Nersac, Girac, l'Isle-d'Espagnac, Petit-Rochefort, etc.

Elle fait l'exportation directe sur une large échelle.

L'usine qu'elle vient de construire à Basseau, près Angoulême, sur le fleuve la Charente, et qui est installée avec les derniers perfectionnements de la mécanique et de la chimie industrielles, fabrique, en dehors des produits habituels de la maison Laroche-Joubert et Cie, des papiers pour l'édition et pour l'impression déjà fort estimés; c'est dans cette usine que sont fabriqués, d'après le système Diana, dont MM. Laroche-Joubert et Cie ont acheté le brevet pour la France de compte à demi avec un de leurs confrères, les papiers bicolores qui trouveront certainement auprès des industriels qui les emploient : éditeurs, imprimeurs typographes, lithographes et papetiers, le même succès dont les autres produits de cette maison jouissent auprès de sa clientèle ordinaire.

Imp. Lahure, Paris

LIBRAIRIE
DU RECUEIL GÉNÉRAL DES LOIS ET DES ARRÊTS
ET DU JOURNAL DU PALAIS

L. LAROSE & FORCEL, Éditeurs
22, RUE SOUFFLOT, PARIS

CATALOGUE
DE
L'EXPOSITION D'AMSTERDAM

PRINCIPALES PUBLICATIONS PÉRIODIQUES.

Recueil général des lois et des arrêts, fondé par **J.-B. SIREY** (publié par cahiers mensuels), contenant la **jurisprudence des cours et tribunaux** (Cour de cassation, cours d'appel et tribunaux de première instance). La **jurisprudence administrative** (Conseil d'État, Tribunal des conflits). La **jurisprudence étrangère. Les lois annotées.** Directeur, **Ed. FUZIER-HERMAN,** ancien magistrat; rédacteur en chef, **C.-L. JESSIONESSE,** docteur en droit; secrétaire de la rédaction, **O. de GOURMONT,** avocat à la cour d'appel de Paris. — Abonnement annuel : France, 30 fr.; Étranger.................... 32 fr. »
Collection complète de 1791 à 1891 inclus, tables et abonnement à 1892............................ 600 fr. »

Recueil des arrêts du Conseil d'État, statuant au contentieux, du Tribunal des conflits et de la Cour des comptes; rédigé par M. **N. PANHARD,** *avocat au Conseil d'État et à la Cour de cassation,* avec la collaboration de MM. **P. GÉRARD,** *sous-chef de bureau au Ministère de l'Intérieur;* **V. QUENTIN,** *secrétaire du Tribunal des conflits, chef de bureau au Conseil d'État.* — Abonnement annuel : France, 20 fr.; Étranger.......... 24 fr. »

La rareté de la collection complète de ce Recueil a décidé les éditeurs à former et à vendre séparément une collection, DITE ÉCONOMIQUE, *comprenant la Table générale (1849 à 1884), 4 volumes, les années 1885 à 1891, avec l'abonnement à 1892)..................... 170 fr. »*

Collection complète des lois, décrets, ordonnances, règlements et avis du Conseil d'État (de 1788 à 1836 inclus, par ordre chronologique). Publiée sur les éditions officielles, continuée depuis 1836, formant un volume chaque année, par **J.-B. DUVERGIER,** *ancien bâtonnier de l'ordre des avocats près la Cour d'appel de Paris;* **J. DUVERGIER,** *directeur honoraire au Ministère de la Justice* et Ed. **GOUJON,** *avocat à la Cour d'appel de Paris.* — Abonnement annuel : France, 12 fr.; Étranger................................ 13 fr. »
Collection de 1788 à 1891 et table générale, 95 v. 300 fr. »

— **Table générale analytique et raisonnée** jusques et y compris 1889, 4 vol. in-8°........ 32 fr. »

Journal du Palais (paraissant par cahiers mensuels). Recueil le plus ancien et le plus complet de la jurisprudence contenant : 1° les arrêts et jugements des cours et tribunaux; 2° la jurisprudence étrangère; 3° les décisions administratives; 4° les lois, décrets et ordonnances. Directeur, **Ed. FUZIER-HERMAN,** ancien magistrat; rédacteur en chef, **C.-L. JESSIONESSE,** docteur en droit; secrétaire de la rédaction, **M. O. de GOURMONT,** avocat à la Cour d'appel de Paris. — Abonnement annuel : France, 30 fr.; Étranger.................... 32 fr. »
Collection complète de 1791 à 1891 inclus, Tables et abonnement à 1892............................ 500 fr. »

Nouvelle Revue historique de droit français et étranger; publiée sous la direction de MM. **Eugène de ROZIÈRE,** *sénateur, membre de l'Institut;* **Adhémar ESMEIN,** *professeur à la Faculté de droit de Paris;* **Rodolphe DARESTE,** *membre de l'Institut, conseiller à la Cour de cassation;* **Marcel FOURNIER,** *agrégé à la Faculté de droit de Caen, archiviste-paléographe;* **Joseph TARDIF,** *docteur en droit, avocat à la Cour d'appel de Paris, secrétaire de la rédaction.* — Abonnement annuel : France, 18 fr.; Étranger......................... 19 fr. »
Les quinze premiers vol. parus, 1877 à 1891. 150 fr. »
Cette Revue paraît tous les deux mois par livraisons de 10 feuilles environ et forme chaque année un beau volume in-8° de 1,000 pages.

Revue d'économie politique; comité de rédaction : MM. **Paul CAUWÈS,** *professeur à la Faculté de droit de Paris;* **Charles GIDE,** *professeur à la Faculté de droit de Montpellier;* Dr **Eugen SCHWIEDLAND,** *Vienne;* **Edmond VILLEY,** *doyen de la Faculté de droit de Caen;* secrétaires : MM. **Léon DUGUIT,** *professeur à la Faculté de droit de Bordeaux;* **Henri SAINT-MARC,** *professeur à la Faculté de droit de Bordeaux;* avec la collaboration d'un grand nombre de professeurs et d'économistes français et étrangers. — Abonnement annuel : France, 20 fr.; étranger................................ 24 fr. »
Les cinq premières années parues........ 80 fr. »
Cette Revue paraît tous les mois par livraisons de 7 feuilles grand in-8°.

Journal des Sociétés civiles et commerciales françaises et étrangères. Revue de jurisprudence, de doctrine et de législation, publiée par MM. **A. LEDRU,** *avocat à Versailles, docteur en droit;* **C. HOUPIN,** *princi-*

pal clerc de notaire à Paris, auteur du Traité des sociétés par actions; **F. WORMS**, *avocat à la Cour de Paris.* — Abonnement annuel : France, 12 fr.; Étranger. 13 fr. »
Les douze premiers volumes parus........ 100 fr. »
Ce journal paraît tous les mois et forme chaque année un beau volume in-8° de 600 pages environ.

Revue pratique de droit international privé, nationalité; condition des étrangers; conflits des lois; trai-

tés internationaux, par **René VINCENT**, avec le concours et la collaboration de plusieurs jurisconsultes français et étrangers. — Abonnement annuel : France, 20 fr.; Étranger................................ 21 fr. »
Le premier volume paru, 1890-91........ 20 fr. »
Cette Revue, qui fait suite au *Dictionnaire de droit international privé et aux Revues publiées en 1888 et en 1889,* paraît tous les deux mois par livraisons de 6 à 8 feuilles grand in-8° à deux colonnes.

PRINCIPAUX OUVRAGES.

ALCORTA (Amancio). — **Cours de droit international public**, édition française avec une introduction par **Ernest LEHR**, 1887. Tome Ier in-8°, seul paru. Prix.................................... 10 fr. »
L'ouvrage formera 8 volumes in-8°.

AUDIBERT (Adrien). — **Études sur l'histoire du droit romain**, tome Ier, *la Folie et la Prodigalité.* 1892, 1 vol. in-8°........................... 8 fr. ».

BATBIE (A.). — **Traité théorique et pratique de droit public et administratif**, contenant l'examen de la doctrine et de la jurisprudence, la comparaison de notre législation avec les principales lois politiques et administratives étrangères, 2e édition. 1885-1892, 9 vol. in-8° y compris les suppléments de 1885 au 1er janvier 1893 par **BOILLOT**..................... 72 fr. »
Le tome IX est en préparation.

BAUDRY-LACANTINERIE (G.). — **Précis de droit civil**, 3e et 4e édition. 1889-1892, 3 forts volumes gr. in-8°.............................. 37 fr. 50
Chaque volume séparément............... 12 fr. 50

BEAUNE (Henri). — **Fragments de critique et d'histoire juridique, politique et judiciaire.** 1891, 1 volume in-8°...................... 10 fr. »

BEAUREGARD (P.-V.). — **Essai sur la théorie du salaire, la main-d'œuvre et son prix.** 1887, 1 vol. in-8°..................................... 10 fr. »
— **Éléments d'économie politique.** 1889, 1 volume in-12...................................... 5 fr. »

BŒUF (F.). — **Résumé de répétitions écrites sur le Code civil**, 2e édition, pour les tomes I et II. 1886-1892, 3 vol. in-18, avec tableaux synoptiques. 18 fr. »
Chaque volume se vend séparément....... 6 fr. »
— **Résumé de répétitions écrites sur le droit pénal**, 12e édition. 1889, 1 volume in-18, avec tableaux synoptiques................................. 6 fr. »
— **Résumé de répétitions écrites sur le droit commercial**, 11e édition. 1891, 1 vol. in-18, avec tableaux synoptiques......................... 6 fr. »
— **Résumé de répétitions écrites sur le droit administratif.** 14e édition, 1891, 1 vol. in-18, avec tableaux synoptiques...................... 6 fr. »

BOMBOY(Eugène) et **GILBRIN** (Henri).— **Traité pratique de l'extradition.** 1886, 1 v. in-8°. 7 fr. 50

BRUCHON (F.). — **Textes des lois applicables en matière de simple police.** 1890, 1 volume in-8°..................................... 4 fr. »
— **Dictionnaire-formulaire à l'usage des gardes champêtres.** 1891, 1 vol. in-12........... 3 fr. 50

BRY (Georges). — **Précis élémentaire de droit international public.** 2e édition, 1892, 1 vol. in-18. Prix...................................... 6 fr. »

BRY (Georges). Principes de droit romain. 1892, 1 fort vol. in-18......................... 6 fr. »

CARPENTIER (A.). — **Essai sur le régime des canaux.** 1892, 1 vol. in-8°............... 7 fr. »

CHAISEMARTIN (A.). — **Proverbes et maximes du droit germanique.** 1891, 1 vol. in-8°. 10 fr. »

CHAMPOUDRY. — **Formules des questions à soumettre aux juges des conseils de guerre** (Code de justice militaire et Code pénal), 1891, 1 vol. in-8°................................... 7 fr. 50
— et **P. DANIEL.** — **Manuel de l'officier de police judiciaire militaire**, 3e édit., 1891, 1 vol. in-8°. Prix...................................... 6 fr. »

CHÉNON. — **Histoire de Sainte-Sévère en Berry.** 1889, 1 vol. in-8° avec 12 planches hors texte. Prix...................................... 12 fr. »

COGORDAN (George). — **Droit des gens.** — **La Nationalité au point de vue des rapports internationaux**, 2e édit., 1890, 1 vol. in-8°. 10 fr. »

CRÉPON (T.). — **Traité de l'appel en matière civile.** 1888. 2 vol. in-8°................. 16 fr. »
— **Du pourvoi en cassation en matière civile.** 1892, 3 vol. in-8°....................... 30 fr. »

CRÉPON (J.) et LEHR (Ernest). — **Manuel des actes de l'état civil en droit français et étranger.** 1887, 1 vol. in-18................. 5 fr. »

CRESSON. — **Usages et règles de la profession d'avocat.** 1888, 2 vol. in-8°............... 15 fr. »

DALMBERT (Oscar). — **Traité théorique et pratique de la purge des privilèges et hypothèques**, 2e édit. 1891, 1 vol. in-8°......... 8 fr. »

DARESTE (R.). — **Études d'histoire du droit.** 1889, 1 vol. in-8°......................... 10 fr. »

DELOISON (Georges). — **Traité des valeurs mobilières françaises et étrangères et des opérations de bourse.** 1890, 1 f. v. in-8°. 12 fr. »

DEMOMBYNES (G.). — **Les constitutions européennes**, 2e édition. 1883, 2 forts vol. in-8°. 24 fr. »

DEROUIN et WORMS (F.). — **Traité des autorisations de plaider**, nécessaires aux communes et aux établissements publics. 1891, 1 vol. in-8°.. 8 fr. »

DESPAGNET (Frantz). — **Précis de droit international privé**, 2e édit., 1891, 1 vol. in-8°. 10 fr. »

DIDIER-PAILHÉ. — **Cours élémentaire de droit romain**, 3e édit., par **Charles TARTARI.** 1887, 2 vol. in-8°................................... 14 fr. »

DUBIEF (Adrien) et GOTTOFREY. — **Code ecclésiastique.** 1887, 1 vol. in-18........... 5 fr. »

ESMEIN (A.). — Mélanges d'histoire du droit et de critique, — Droit romain. 1886, 1 v. in-8°. 10 fr. »

— Études sur l'histoire du droit canonique privé. — Le mariage en droit canonique. 1891, 2 vol. in-8°.............................. 16 fr. »

— Cours élémentaire d'histoire du droit français. 1892, 1 vol. in-8°.................... 8 fr. »
1er fascicule seul paru.

FERRON (H. de). — De la division du pouvoir législatif en deux Chambres, histoire et théorie du Sénat. 1885, 1 vol. in-8°............... 8 fr. »

FLACH (Jacques). — Les origines de l'ancienne France, — Le régime seigneurial (x° et xi° siècles). 1886, tome I°r seul paru................. 10 fr. »
Le tome II est sous presse et paraîtra cette année.

— Études critiques sur l'histoire du droit romain au moyen âge, avec textes inédits. 1890, 1 vol. in-8°.. 8 fr. »

FOURNIER (Marcel). — Les statuts et privilèges des Universités françaises, depuis leur fondation jusqu'en 1789. 1890-1892, 3 beaux vol. in-4° de 750 pages.............................. 150 fr. »
Chaque volume se vend séparément...... 50 fr. »

— Histoire de la science du droit en France. 1892, tome III seul paru. 1 vol. in-8°....... 10 fr. »
L'ouvrage formera 6 volumes, les tomes I et II paraîtront ultérieurement.

FOURNIER DE FLAIX (E.). — Traité de critique et de statistique comparées des institutions financières. 1889, 1 fort vol. in-8°, avec de nombreux tableaux................................. 15 fr. »

FUZIER-HERMAN. — Code civil annoté, publié avec la collaboration des **rédacteurs du Recueil général des lois et des arrêts et du Journal du Palais.** 1885-1892, 4 forts vol. gr. in-8°. 60 fr. »
Les tomes I et II et 1er fascicule du tome III sont seuls parus.

GARRAUD (R.). — Traité théorique et pratique du droit pénal français. 1888-1891, 4 vol. in-8°, parus..................................... 40 fr. »
L'ouvrage formera 5 volumes; le dernier paraîtra à la fin de l'année.

— Précis de droit criminel, 4° édit. 1892, 1 vol. in-8°....................................... 10 fr. »

GARSONNET (E.). — Traité théorique et pratique de procédure. 1882-1891, 4 vol. in-8°, seuls parus...................................... 40 fr. »
L'ouvrage formera 6 volumes.

— Précis de procédure civile, contenant les matières exigées pour le deuxième examen de baccalauréat. 1885, 1 vol. in-8°...................... 12 fr. »

— Procédure civile. — Traité élémentaire des voies d'exécution. 1892, 1 vol. in-18...... 6 fr. »

GÉRARD (P.). — Manuel-formulaire des élections municipales. 1892, 1 vol. in-18..... 3 fr. »

GIDE (Paul). — Étude sur la condition privée de la femme dans le droit ancien et moderne, 2° édit., avec une notice biographique, des additions et des notes par A. ESMEIN, *professeur agrégé à la Faculté de droit de Paris,* — suivie du « Caractère de la dot en droit romain » et de « la Condition de l'enfant naturel et de la concubine dans la législation romaine, » par Paul Gide. 1885, 1 beau vol. in-8°.......................... 10 fr. »

GIDE (Charles). — Principes d'économie politique, 3° édit. 1891, 1 fort vol. in-18........... 6 fr. »

GLOTIN (Hyacinthe). — Étude historique, juridique et économique sur les syndicats professionnels. 1892, 1 vol. in-8°............. 8 fr. »

GUÉTAT (J.-Édouard). — Histoire élémentaire du droit français. 1884, 1 vol. in-8°...... 8 fr. »

GUILLOT (Adolphe). — Des principes du nouveau Code d'instruction criminelle. 1885, 1 vol. in-8°... 6 fr. »

HOUPIN (C.). — Traité théorique et pratique des Sociétés par actions françaises et étrangères et des Sociétés d'assurances, avec formules. 1889, 2 vol. gr. in-8°...................... 16 fr. »

LABOULAYE (Édouard). — Trente ans d'enseignement au Collège de France (1849-1882). — Cours inédits publiés par ses fils. 1888, 1 vol. in-18. 4 fr. »

LACHAU (Charles) et **DAGUIN (Christian).** — De l'exécution des jugements étrangers d'après la jurisprudence française. 1889. 1 vol. in-8°.. 6 fr. »

LAURIN (Auguste). — Cours élémentaire de droit commercial, 3° éd. 1890, 1 v. in-8°. 10 fr. »

— Précis de droit maritime. 1892, 1 vol. in-18. Prix.. 6 fr. »

LEDRU (Alphonse). — Des conseils de surveillance dans les sociétés en commandite par actions. 1 vol. in-8°...................... 4 fr. »

LEHR (Ernest). — Éléments de droit civil espagnol. 1880-1890, 2 vol. in-8°............. 16 fr. »

— Éléments de droit civil anglais. 1885, 1 fort vol. in-8°................................. 12 fr. »

— Manuel théorique des agents diplomatiques et consulaires français et étrangers. 1888, 1 vol. in-18.. 5 fr. »

MANCELLE (E.-A.). — Dictionnaire des délais, prescriptions, péremptions en matière civile, commerciale, criminelle, administrative et militaire. 1890, 1 vol. in-8°............................... 10 fr. »

MARIE (J.). — Éléments de droit administratif. 1890, 1 vol. in-8°....................... 10 fr. »

MASSELIN (O.). — Dictionnaire juridique en matière de **Mariage, Divorce, Séparation de corps et de biens, Conseil judiciaire, Interdiction et aliénés.** 1 vol. gr. in-8°.......... 10 fr. »

MAY (Gaston). — Éléments de droit romain, 2° édit. 1892, 1 vol. in-8°................. 10 fr. »

— et **BECKER (Henri).** — Précis des institutions du droit privé de Rome destiné à l'explication des auteurs latins. 1892, 1 vol. in-18 cartonné.... 3 fr. »

MICHEL (Henri). — Du droit de cité romaine. *1re série :* Des signes distinctifs de la qualité de citoyen romain. 1885, 1 vol. in-8°....... 6 fr. »

MOREAU (Félix). — Précis élémentaire de droit constitutionnel. 1892, 1 vol. in-18........ 6 fr. »

NAUDIER (Fernand). — Traité théorique et pratique de la législation des chemins ruraux. 1891, 1 vol. in-8°.......................... 8 fr. »

PEUVERGNE (René). — Organisation par l'État des caisses de retraite pour les ouvriers. 1892, 1 vol. gr. in-8°............................. 6 fr. »

RAVARIN (Fleury). — **De l'assistance communale en France.** 1885. 1 vol. in-8°........ 6 fr. »

ROSSIGNOL. — **Le nouveau tarif des douanes françaises.** 1892, 1 v. gr. in-8° avec tableaux. 3 fr. »

ROTHE (Tancrède). — **Traité de droit naturel théorique et appliqué.** 1885, tome I seul paru. Prix................................,.... 10 fr. »
L'ouvrage formera 3 volumes, le tome II paraîtra cette année.

ROUSSE (Edmond). — **Discours, Plaidoyers et Œuvres diverses,** recueillis et publiés par Fernand **WORMS.** 1884, 2 vol. in-8°.... .... 15 fr. »

SAINT-GEORGES D'ARMSTRONG (Thomas de). — **Principes généraux de droit international public — de l'utilité de l'arbitrage.** 1890, tome 1 in-8° seul paru..................... 8 fr. »
Le tome II et dernier est en préparation.

SAINT-GIRONS (A.). — **Manuel de droit constitutionnel,** 2e édition, 1885, 1 vol. in-8°... 9 fr. »

—— **Essai sur la séparation des pouvoirs** dans l'ordre politique, administratif et judiciaire. 1881, 1 vol. in-8°.................................... 9 fr. »

SARRAUTE (Pierre). — **Manuel théorique et pratique du juge d'instruction,** accompagné d'un formulaire complet et suivi de cinq tables très détaillées. 1890, 1 fort vol. in-8°..................... 10 fr. »

SARRUT (Louis). — **Choix de réquisitoires** prononcés à la cour d'assises de la Seine, — Affaire Prado (assassinat et vol) — Assassinat du boulevard Saint-Germain (caporal Géomay) — Crime d'Auteuil (assassinat et vol) — Outrages à des magistrats par la voie de la presse. 1889, 1 vol. in-8°................... 3 fr. 50

STOUFF (L.).— **Le pouvoir temporel des évêques de Bâle** et le régime municipal depuis le xiiie siècle. 1890, 2 vol. in-8°........................ 12 fr. »

—— **De formulis secundum legem romanam a** viio sæculo ad xiium sæculum. 1890, 1 v. in-8°. 4 fr. »

TANON (L.). — **Histoire des justices des anciennes Églises et Communautés monastiques de Paris.** 1883, 1 beau vol. in-8°......... 12 fr. »

VALLÉE (Oscar de). — **Conclusions et réquisitoires** prononcés de 1858 à 1868. 1883, 1 beau volume in-8°.................................... 8 fr. »

VALLET (G.) et MONTAGNON (Em.). — **Manuel des magistrats du parquet et des officiers de police judiciaire.** 1890, 2 vol. in-8°...... 20 fr. »

VALROGER (Lucien de). — **Droit maritime. — Commentaire théorique et pratique du livre II du Code de commerce** (législations comparées). 1883-1886, 5 vol. in-8°........................ 40 fr. »

VILLEQUEZ (F.-F.) — **Du droit du chasseur sur le gibier.** 2e édition, 1884, 1 fort vol. in-18. 4 fr. 50

—— **Du droit de destruction des animaux malfaisants et nuisibles et de la louveterie.** 2e édit., 1884, 1 fort vol. in-18................ 4 fr. »

VILLEY (Edmond). — **La question des salaires ou la question sociale.** 1887, 1 vol. in-18..... 3 fr. 50
Ouvrage récompensé par l'Institut.

VINCENT (René) et PÉNAUD (Édouard). — **Dictionnaire de droit international privé.** 1887, 1 fort vol. gr. in-8°....................... 20 fr. »

—— **Revue de droit international privé,** suivie d'une table chronologique, années 1888 et 1889, 2 vol. gr. in-8°................................. 16 fr. »
Le **Dictionnaire et les deux Revues**....... 30 fr. »

VIOLLET (Paul). — **Histoire des institutions politiques et administratives de la France** (droit public). 1890, tome 1, in-8°................. 8 fr. »
L'ouvrage sera complet en 2 volumes.

WEISS (André). — **Traité théorique et pratique de droit international privé,** tome 1er, *Nationalité.* 1892, 1 vol. in-8°....................... 10 fr. »
L'ouvrage formera 5 volumes.

—— **Traité élémentaire de droit international privé.** 2e édition, 1890, 1 fort vol. in-8°.... 12 fr. »

RÉPERTOIRE GÉNÉRAL ALPHABÉTIQUE DU DROIT FRANÇAIS

contenant sur toutes les matières de la science et de la pratique juridiques l'Exposé de la Législation, l'Analyse critique de la Doctrine et les solutions de la Jurisprudence et augmenté sous les mots les plus importants de **Notions étendues de droit étranger comparé et de droit international privé,**

PUBLIÉ SOUS LA DIRECTION DE

Ed. FUZIER-HERMAN, ancien Magistrat,

Par MM.

A. CARPENTIER,
Agrégé des Facultés de droit, Avocat à la Cour de Paris.

G. FRÉREJOUAN DU SAINT,
Docteur en droit, ancien Magistrat, Avocat à la Cour de Paris.

AVEC LE CONCOURS DES

RÉDACTEURS du **RECUEIL GÉNÉRAL DES LOIS ET DES ARRÊTS** et du **JOURNAL DU PALAIS**
et d'un grand nombre de Collaborateurs

Ce Répertoire paraît par volumes complets à raison de deux par an. Il formera environ 30 volumes in-4° de 800 pages, et, s'il en paraît davantage, le souscripteur n'aura pas à payer tout ce qui excédera 32 volumes et la table.

Tomes I à VIII seuls parus.

PRIX : Pour les souscripteurs à l'ouvrage complet, le volume................... **20** fr.
Pour les non-souscripteurs, le volume............................. **25** fr.

Le paiement sera effectué au moment de la livraison de chaque volume.

BAR-LE-DUC, IMPRIMERIE CONTANT-LAGUERRE.

LIBRAIRIE LAROUSSE

HOLLIER-LAROUSSE & Cie

IMPRIMEURS-ÉDITEURS

Rue Montparnasse, 15, 17, 19, Paris

L A **Maison Larousse** a été fondée en 1851 par deux instituteurs, anciens élèves de l'École normale de Versailles, PIERRE-ATHANASE LAROUSSE et PIERRE-AUGUSTIN BOYER. Elle se signala immédiatement par la publication de la *Lexicologie des Écoles*, de Pierre Larousse, cours de langue française qui eut un succès considérable en France, en Belgique et en Suisse. Cet ouvrage fut le point de départ d'une série de livres classiques s'étendant à toutes les matières de l'enseignement primaire, et qui furent également bien accueillis.

En 1869, Pierre Larousse ayant dû acquérir une imprimerie pour se consacrer spécialement à la publication du *Grand Dictionnaire universel du XIXe siècle*, M. Boyer, resté seul à la tête de la librairie, s'adjoignit successivement trois de ses neveux, et il y eut dès lors deux maisons distinctes : la Librairie Aug. Boyer et Cie, qui continua l'exploitation des ouvrages classiques et en édita de nouveaux ; l'Imprimerie Larousse, qui devint, à la mort de l'auteur du *Grand Dictionnaire universel du XIXe siècle*, l'Imprimerie Ve P. Larousse et Cie.

En 1885, M. Boyer se retira des affaires, et la librairie se réunit à l'imprimerie pour ne former, comme au début, qu'une seule maison. Enfin, par suite du décès de Mme Larousse (janvier 1890), la maison prit la raison sociale actuelle **Hollier-Larousse et Cie**. La Société se compose de cinq membres : MM. HOLLIER-LAROUSSE, Émile MOREAU, Georges MOREAU, Claude AUGÉ et Paul GILLON. Elle a son siège à Paris, 17, rue Montparnasse, où se trouvent réunies la maison d'édition, l'imprimerie et ses annexes (composition, clicherie, brochure, etc.) et la librairie. Une succursale pour la vente au détail est établie au centre du quartier latin, rue des Écoles, 58, en face la nouvelle Sorbonne. Enfin une nouvelle annexe, rendue nécessaire par le développement des affaires de la maison, va être prochainement édifiée rue Pierre-Larousse, à Paris.

Depuis sa fondation, la maison n'a cessé de publier d'importants ouvrages, parmi lesquels il convient de citer : le *Grand Dictionnaire universel du XIXe siècle*, l'œuvre célèbre de Pierre Larousse, mise au courant par un *Deuxième Supplément*, Encyclopédie des faits contemporains (17° volume de la collection); le *Dictionnaire analogique*, par P. Boissière; le *Dictionnaire des Opéras*, par Félix Clément et Pierre Larousse; le *Dictionnaire d'Électricité et de Magnétisme*, par G. Dumont, et les *Annales d'Électricité*, suite au Dictionnaire; le *Dictionnaire complet de la Langue française*, par P. Larousse; la *Revue Encyclopédique*, publiée sous la direction de M. Georges Moreau; etc.

Mais c'est surtout par ses publications de *livres classiques* élémentaires que la **Maison Larousse** se signale. On pourra se rendre compte du soin apporté à la composition et à l'exécution de ces ouvrages en examinant les quelques spécimens qui figurent à l'Exposition d'Amsterdam, et dont la nomenclature est donnée ci-dessous.

Nouvelle Reliure parisienne (Système breveté). — La **Maison Larousse** vient d'apporter un important perfectionnement dans la confection du livre scolaire destiné aux jeunes enfants. Pour donner satisfaction aux maîtres et aux familles, qui ne cessaient de déplorer la grande fragilité des livres de classe, elle a étudié et réalisé un nouveau *mode de reliure* qui joint à une extrême solidité un aspect très élégant. Une tentative du même genre faite aux États-Unis n'était qu'une solution incomplète du problème : le cartonnage américain donne un dos aplati, très disgracieux, et dont le développement exagéré rend difficile l'application du livre ouvert sur la table de travail.

OUVRAGES EXPOSÉS

GEORGES et TRONCET.

	fr.	c.
* PREMIER LIVRE ENCYCLOPÉDIQUE. Volume in-12. 130 Gravures.	»	50
* DEUXIÈME LIVRE ENCYCLOPÉDIQUE. Volume in-12. 140 Gravures.	»	80
TROISIÈME LIVRE ENCYCLOPÉDIQUE. Volume in-12. 510 Gravures.	1	10

Clarisse JURANVILLE.

	fr.	c.
* PREMIER LIVRE DES PETITES FILLES. Volume in-12. 160 Gravures	»	75
DEUXIÈME LIVRE DES PETITES FILLES. Volume in-12. 320 Gravures	1	»
TROISIÈME LIVRE DES PETITES FILLES. Volume in-12. 400 Gravures	1	40
LE SAVOIR-FAIRE ET LE SAVOIR-VIVRE. Volume in-12. 200 Gravures	1	25

Claude AUGÉ et Maxime PETIT.

fr. c.

* PREMIER LIVRE D'HISTOIRE DE FRANCE. Volume in-12. 330 Gravures . . . » 90
* DEUXIÈME LIVRE D'HISTOIRE DE FRANCE. Volume in-12. 570 Gravures . . . 1 50

Claude AUGÉ.

* GRAMMAIRE ENFANTINE, Premier Livre. Volume in-12. 100 Gravures . . . . » 50
* DEUXIÈME LIVRE DE GRAMMAIRE. Volume in-12. 170 Gravures . . . . » 80
  TROISIÈME LIVRE DE GRAMMAIRE. Volume in-12. 120 Gravures 1 50
* LES CHANTS DE L'ENFANCE. 130 Gravures, 100 Chants avec couplets . . . 1 »
* LE LIVRE DE MUSIQUE. 220 Gravures. Théorie, Chants et Chœurs 1 50

DUMONT et PHILIPPON.

GUIDE PRATIQUE DE TRAVAUX MANUELS. Volume in-8°. 650 Gravures . . 2 50

DAUJAT et DUMONT.

COURS NORMAL DE TRAVAUX MANUELS. Volume in-8°. 380 Gravures . . . 3 50

CAPELLARO.

GUIDE PRATIQUE DE DESSIN-MODELAGE. Volume in-8°. 175 Gravures 2 50

PÉCAUT et BAUDE.

L'ART, Entretiens à l'usage de la Jeunesse. Volume in-8°. 127 Gravures . . 3 »

John GRAND-CARTERET.

WAGNER EN CARICATURES. Volume in-8°. 170 Gravures. Broché . . . . . . 4 »

TOM TIT.

LA SCIENCE AMUSANTE. Première Série. Volume in-8°. 115 Gravures . . . 4 »
LA SCIENCE AMUSANTE. Deuxième Série. Volume in-8°. 120 Gravures . . . 4 »

Pierre LAROUSSE.

DICTIONNAIRE COMPLET ILLUSTRÉ. 2 500 Gravures, Cartonné, 3 fr. 50. Toile. 3 90
DEUXIÈME SUPPLÉMENT au GRAND DICTIONNAIRE. 25 000 art. d'actualité. Relié. 60 »

Georges DUMONT.

DICTIONNAIRE D'ÉLECTRICITÉ. Grand in-8°. 1 260 Gravures. Relié . . . . . . 33 »
ANNALES D'ÉLECTRICITÉ. Première année (1889-90). . . . . 12 »

LA RUSSIE (géographie, ethnologie, histoire, administration, etc.), broché . . . . . 5 »
REVUE ENCYCLOPÉDIQUE. Première année (1891). Gr. in-4°. 1 000 Grav. Relié. 30 »

NOTA. — Les ouvrages marqués d'un astérisque offrent des spécimens
de la Nouvelle Reliure Parisienne.

LE BON SAMARITAIN

Gravure extraite de l'*Histoire des Peintres*. — Encre de Ch. Lorilleux et Cie.

ALFRED MAME ET FILS

A TOURS

La maison Alfred Mame et fils fut fondée à la fin du siècle dernier, en 1796, par M. Amand Mame. — En 1833, M. Alfred Mame prit la direction des affaires, associé jusqu'en 1845 avec M. Ernest Mame, son cousin et beau-frère.

En 1859, M. Paul Mame, son fils unique, s'associe à son père, et enfin, en 1887 et 1888, les deux fils et petit-fils de MM. Mame entrent dans les affaires.

Trois générations travaillent donc simultanément à la même œuvre de famille.

La maison Mame est parvenue rapidement à une grande extension. Cette vaste « fabrique de livres » produit annuellement près de 6 millions de volumes, et occupe au centre de la ville de Tours une superficie de 2 hectares.

Près de 1 000 personnes, hommes, femmes et enfants, sont occupées dans cet établissement, où l'imprimerie peut livrer journellement 15 000 volumes, et la reliure 8 000.

Les bâtiments consacrés à la fabrication du livre sont entourés de jardins, et dans des conditions hygiéniques excellentes.

De vastes magasins contiennent un approvisionnement de 6 000 000 de volumes reliés.

Deux machines à vapeur avec une force de 120 chevaux, tout en donnant le mouvement à l'outillage de la maison, permettent de répandre la lumière électrique par environ 800 lampes Édison.

La bonne harmonie n'a jamais cessé de régner entre les patrons et les ouvriers, liés entre eux par de nombreuses institutions de prévoyance et une caisse de participation dont les fonds sont formés par des prélèvements annuels sur le chiffre des ventes et sur celui de la production des ateliers.

Le fonds de la maison Mame comprend :

I. Publications artistiques, livres d'étrennes.
II. Livres de piété.
III. Livres de liturgie.
IV. Livres pour distributions de prix.
V. Livres classiques.

OUVRAGES EXPOSÉS

ŒUVRES DE M. LE PLAY. La Réforme sociale en France, — l'Organisation du travail, — l'Organisation de la Famille, — la Constitution de l'Angleterre, — la Paix sociale après le désastre, — la Réforme en Europe et le salut de la France, — les Ouvriers européens, la Méthode sociale, — la Constitution essentielle de l'humanité.

ŒUVRES DE M. DE RIBBE. Les Familles et la Société en France avant la Révolution, — Une famille au XVIe siècle, — le Livre de Famille.

CHEFS-D'ŒUVRE DE LA LANGUE FRANÇAISE AU XVIIe SIÈCLE. Magnifiques éditions grand in-8º jésus, papier vélin, avec des gravures à l'eau-forte par V. Foulquier. — Théâtre choisi de Corneille, — Théâtre choisi de Molière, — Théâtre de Racine, — Fables de la Fontaine, — Œuvres poétiques de Boileau, — les Caractères de la Bruyère, — Discours sur l'histoire universelle et les Oraisons funèbres de Bossuet, — Pensées de Pascal sur la religion, — Lettres choisies de Mme de Sévigné, — Aventures de Télémaque.

Volumes petits in-4º

NOS GLOIRES MILITAIRES, par Dick de Lonlay; 280 gravures.

LE VIEUX PARIS, Fêtes, Jeux et Spectacles, par Victor Fournel; 165 grav.

LES MAITRES ITALIENS EN ITALIE, par Jules Levallois; 92 gravures.

LES ARTISTES FRANÇAIS CONTEMPORAINS, Peintres, Sculpteurs, par V. Fournel; 10 gravures à l'eau-forte, 176 gravures sur bois.

HISTOIRE DE LA VERRERIE ET DE L'ÉMAILLERIE, par Édouard Garnier. 119 gravures et 4 chromolithographies.

HISTOIRE DE LA TAPISSERIE depuis le moyen âge jusqu'à nos jours, par Jules Guiffrey; 113 gravures et 4 chromolithographies.

SAINTE ÉLISABETH DE HONGRIE, par le comte de Montalembert; 1 chromolithographie, 158 gravures sur bois.

CHARLEMAGNE, par Alphonse Vétault; 2 eaux-fortes, 1 chromolithographie, une carte et 135 gravures sur bois.

SAINT MARTIN, par A. Lecoy de la Marche; 1 chromolithographie et 164 gravures sur bois.

SAINT LOUIS, par H. Wallon; 280 gravures sur bois.

JEANNE D'ARC, par Marius Sepet; 29 gravures sur bois.

Prix de chacun de ces volumes, demi-reliure d'amateur. 25 fr.

Gravure extraite de *Jeanne d'Arc*.

Volumes in-4°, 1re série

LES EXPLORATEURS DE L'AFRIQUE, par Paul Bory; 64 gravures.

LES GRANDES ENTREPRISES MODERNES, par Paul Bory; 170 grav.

MÉMOIRES D'UN ROMAIN. Vie privée de l'ancienne Rome, par Paul
Bory; 96 gravures.

Prix de chacun de ces volumes, relié. 10 fr.

FABIOLA, ou l'Église des Catacombes, par S. Ém. le cardinal Wiseman;
traduit de l'anglais par M. Richard Viot. Nombreuses gravures. 1 volume
in-12. Prix, relié. 3 »

DE PARIS A MOSCOU. Souvenirs du couronnement de S. M. Alexandre III
(mai-juin 1883), par Dick de Lonlay. Nombreuses gravures. In-8°.
Prix, relié . . . . , . . . 2 55

LA TERRE ILLUSTRÉE. Volume in-8° de 672 pages. Nombreuses cartes
et vignettes. Prix, relié. 6 40

ÉLÉMENTS DE GÉOMÉTRIE. In-12. Prix, cartonné. 4 05

BREVIARIUM ROMANUM (TOTUM). Édition imprimée en noir et rouge.
In-12. Prix, chagrin 1er choix, noir, tranche dorée . . . . . 19 »

MISSALE ROMANUM. (N° 100.) Splendide édition illustrée in-f°, texte noir
et rouge encadré. 610 gravures sur bois, d'après Hallez et Leniept,
1 gravure sur acier. Chagrin 1er choix. . . . . 63 »

POLYEUCTE, Martyr. Tragédie chrétienne en cinq actes, par Pierre
Corneille. Un vol. grand in-4°. Un portrait de Corneille, 5 eaux-fortes
et nombreuses gravures sur bois. Demi-reliure d'amateur. . . 120 »

RECUEIL DE PRIÈRES, de méditations et de lectures (N° 82), par Mme la
Csse de Flavigny. In-32 jésus, encadrement rouge, 4 gravures. Prix,
maroquin du Levant. . . . . 16 »

MISSEL ROMAIN, dit des Sept Sacrements. Grand in-18. (N° 24.) Encadrements or et couleurs. 7 grands sujets et 24 petits. Prix, relié. 40 »

IMITATION DE JÉSUS-CHRIST (N° 38). In-32 allongé, encadrement noir
et rouge. Prix, maroquin du Levant . . . . 9 »

VISITES AU SAINT SACREMENT ET A LA SAINTE VIERGE (N° 122),
par saint Liguori. In-32. Encadrement rouge. Prix, maroquin. . 10 »

HEURES ROMAINES. 30 sujets hors texte, 100 encadrements variés.
Prix, maroquin du Levant. . . . . 54 »

Quatre tableaux avec gravures

LA BIBLE. — LES JARDINS. — LA TOURAINE. — POLYEUCTE. — CHARLEMAGNE

G. MASSON, Éditeur

LIBRAIRE DE L'ACADÉMIE DE MÉDECINE

120, Boulevard Saint-Germain, PARIS

Les quelques ouvrages que la Librairie de G. MASSON
annonce d'autre part, et qui, tous, figurent dans l'Exposition
collective du Cercle de la Librairie, sont un spécimen de la
variété de ses publications et de l'activité qu'elle développe.

Le nombre de ses publications périodiques n'est pas moindre
de trente et un, et parmi celles-ci, il suffit de citer la NATURE,
avec 20 000 abonnés, la GAZETTE HEBDOMADAIRE DE MÉDECINE
ET DE CHIRURGIE, presque le doyen de la presse médicale, le
JOURNAL DE L'AGRICULTURE, etc.

La Librairie G. MASSON est une librairie d'Enseignement à
tous les degrés. A côté des ouvrages les plus élevés dans les
Sciences Naturelles, les *Sciences Médicales*, la *Physique*, la
Chimie, les *Mathématiques*, elle publie de nombreux ouvrages
de *Technologie*, de *Vulgarisation*. Elle voit enfin s'enrichir
chaque année son catalogue de livres d'*Enseignement secondaire*, aussi bien dans le domaine de la littérature que dans
celui des sciences et de la géographie.

Enfin, dans le domaine *Primaire*, quoique une des dernières
venues, elle compte de grands succès, la *Grammaire française*
de M. *Bataille*, le *Texte-Atlas de M. Dubail*, etc.

En 1889, la Librairie G. MASSON a obtenu à l'Exposition
universelle DEUX GRANDS PRIX.

Cette double distinction a été bien rarement accordée. Mais
ce qui en a doublé le prix pour celui qui en était l'objet, c'est
le caractère que le jury a entendu donner à cette manifestation.

Dans la Classe IX, M. G. MASSON était récompensé comme
éditeur pour le choix de ses livres, la perfection de leur exécution, pour les progrès que sa Maison avait fait faire à la typographie.

Dans la Classe VIII, il était récompensé pour les services que
sa Maison avait rendus à la science; pour le désintéressement
avec lequel elle s'est toujours consacrée à la poursuite des
œuvres utiles et qui pouvaient faire honneur à notre pays.

En 1891, à la suite de l'Exposition de Moscou, M. G. MASSON,
Chevalier de la Légion d'honneur depuis l'Exposition de
Vienne, a reçu la croix d'Officier de la Légion d'honneur.

Cette page et les trois suivantes ont été imprimées par ÉD. CRÉTÉ, à Corbeil,
sur le papier des papeteries du Marais.

G. MASSON, ÉDITEUR
120, BOULEVARD SAINT-GERMAIN, PARIS

La Nature

REVUE DES SCIENCES

ET DE LEURS APPLICATIONS AUX ARTS ET A L'INDUSTRIE

Journal hebdomadaire illustré

RÉDACTEUR EN CHEF : **GASTON TISSANDIER**

PRIX DE L'ABONNEMENT ANNUEL :
Paris, **20** fr. — Départements, **25** fr. — Union postale, **26** fr.
Le Numéro : 50 c.
Les 37 premiers volumes sont en vente, et sont vendus chacun :
Broché, **10** fr. — Relié, **13** fr. **50**

LIBRAIRIE

PAUL OLLENDORFF

28 *bis*, Rue de Richelieu, 28 *bis*

PARIS

Bien que ce ne soit qu'en 1875 que M. Paul Ollendorff a créé sa maison, elle a su prendre, cependant, une place importante dans la librairie moderne.

C'est surtout à l'édition du *Roman* que M. Ollendorff a donné une extension considérable.

Il a voulu, au point de vue matériel, faire pour les romans, qui doivent être des livres bon marché et accessibles à tous, une collection remarquée pour la perfection de sa typographie et ses qualités de fabrication. Aussi une grande vogue suivit-elle ses publications; les auteurs édités par lui devinrent vite populaires. Il fit paraître les œuvres de Georges Ohnet, d'Albert Delpit, d'André Theuriet; puis il groupa encore autour de lui les noms célèbres de Guy de Maupassant, Octave Mirbeau, Émile Bergerat, Catulle Mendès, Jules Case, René Maizeroy, Robert de Bonnières, Pierre Maël, Armand Silvestre, Henry de Pène, Mario Uchard, Paul Perret, G. de Porto-Riche, Jean Rameau, Jeanne Mairet, George Duruy, Jean Carol, le comte d'Hérisson et de tant d'autres. Son catalogue s'enrichit de jour en jour; il compte aujourd'hui plus de quinze cents ouvrages, et porte les noms de plus de sept cents auteurs.

La Maison Ollendorff a commencé pour ceux de ses romans qui ont obtenu le plus de succès la publication d'une édition de luxe, illustrée par nos artistes les plus connus, et destinée à prendre place sur les rayons des bibliophiles.

A côté des *Romans*, qui ont répandu partout la marque de sa maison, M. Ollendorff créait une bibliothèque de *Théâtre* des plus intéressantes. Nombre des plus gros succès de nos scènes parisiennes ont été édités par lui, ainsi que d'importantes publications, comme : l'*Histoire universelle du théâtre* d'Alphonse Royer; l'*Album de la Comédie Française*, le *Musée de la Comédie Française*, de René Delorme, etc., véritables monuments de nos archives théâtrales.

Signalons encore le précieux recueil du *Théâtre de campagne*, dont les huit volumes actuellement parus ont obtenu un si grand succès; la *Collection des moralistes*, dans laquelle la plupart des penseurs modernes doivent prendre successivement place, et enfin la jolie *Collection pour les jeunes filles*, récemment couronnée par l'Académie française, où Mme A. Carette poursuit la publication des mémoires et écrits des femmes françaises aux xviie, xviiie et xixe siècles.

En même temps, M. Paul Ollendorff continuait la publication des fameuses méthodes de langues étrangères du professeur H.-G. Ollendorff.

Collection grand in-18 Jésus à 3 fr. 50 cent.

EDMOND ABOUT

Le Dix-Neuvième Siècle. *Intro-duction de Joseph Reinach.*

JEAN AICARD

Le Dieu dans l'Homme.
Miette et Noré.
Roi de Camargue. 85 illustra-tions de Georges Roux.
Le Pavé d'Amour.

ÉMILE BERGERAT

Le Faublas malgré lui.
Le Viol.
Le Petit Morceau.

ROBERT DE BONNIÈRES

Mémoires d'Aujourd'hui. (Trois séries.)
Les Monach.
Le Baiser de Maïna.
Jeanne Avril.
Le Petit Margemont.
Contes à la Reine.

Mme A. CARETTE

Souvenirs intimes de la Cour des Tuileries. (Trois séries.)

JEAN CAROL

L'Honneur est sauf. *(Ouvr. cou-ronné par l'Académie fran-çaise.)*
Réparation.

JULES CASE

La petite Zette.
Une Bourgeoise.
Pauline Blanchard.
Bonnet rouge.
Ame en peine.
Un jeune Ménage.
L'Amour artificiel.
Promesses.

CATULLE MENDÈS

Les Boudoirs de verre.
Pour les Belles Personnes.
L'Envers des Feuilles.
La Princesse nue.
Pour dire devant le Monde.

ALBERT DELPIT

Le Fils de Coralie.
Le Père de Martial.
La Marquise.
Les Amours cruelles.
Solange de Croix-Saint-Luc.
Mlle de Bressier.
Thérésine.
Disparu.
Passionnément.
Comme dans la Vie.
Toutes les Deux.
Belle-Madame.

GEORGE DURUY

Fin de Rêve.
Ni Dieu ni Maître.

PAUL GAULOT

Un Complot sous la Terreur.
La Vérité sur l'Expédition du Mexique. (Trois volumes.) *Ouvr. couronné par l'Acadé-mie française et la Société des gens de lettres.*

LE COMTE D'HÉRISSON

Journal d'un Officier d'ordon-nance.
Journal d'un Interprète en Chine.
Le Cabinet noir.
La Légende de Metz.
Autour d'une Révolution.
Nouveau Journal d'un Officier d'ordonnance.
Journal de la Campagne d'Ita-lie.
Un Drame royal.
Le Prince impérial.
La Chasse à l'Homme.
Les Responsabilités de l'Année terrible.
Les Girouettes politiques.

ERNEST LEGOUVÉ

DE L'ACADÉMIE FRANÇAISE

Théâtre complet. (Trois volu-mes.)
Fleurs d'hiver — Fruits d'hi-ver — Histoire de ma Maison.

PIERRE MAËL

Mer sauvage.
Charité.
Le Torpilleur 29.

JEANNE MAIRET

André Maynard, peintre.
Jean Méronde.
Une Folie.
Peine perdue.
Artiste.
Charge d'âme.

RENÉ MAIZEROY

Bébé Million.
Celles qu'on aime.
La Belle.
Cas passionnels.

GUY DE MAUPASSANT

Les Sœurs Rondoli.
Monsieur Parent.
Le Horla.
Pierre et Jean.
Clair de Lune.
La Main gauche.
Fort comme la Mort.
La Vie errante.
Notre Cœur.
La Maison Tellier.

OCTAVE MIRBEAU

Le Calvaire.
L'Abbé Jules.

GEORGES OHNET

Serge Panine. *(Ouvrage cou-ronné par l'Académie fran-çaise.)*
Le Maître de Forges.
La Comtesse Sarah.
Lise Fleuron.
La Grande Marnière.
Les Dames de Croix-Mort.
Noir et Rose.
Volonté.
Le Docteur Rameau.
Dernier Amour.
L'Ame de Pierre.
Dette de Haine.
Nemrod et Cie.

HENRY DE PÈNE

Trop Belle. *(Ouvrage couronné par l'Académie française.)*
Néo Michou.
Demi-Crimes.

PAUL PERRET

Sœur Sainte-Agnès.
Les Filles Mauvoisin.
L'Amour et la Guerre.

JEAN RAMEAU

Fantasmagories.
Le Satyre.
Possédée d'Amour.
Simple.
L'Amour d'Annette.

FRANCISQUE SARCEY

Le Mot et la Chose.
Souvenirs de Jeunesse.
Souvenirs d'Age mûr.

ARMAND SILVESTRE

La Vie pour rire (8 séries).

ANDRÉ THEURIET

Sauvageonne.
La Maison des Deux-Barbeaux.
Le Sang des Finoël.
Les Mauvais Ménages.
Michel Verneuil.
Eusèbe Lombard.
Au Paradis des Enfants.

MARIO UCHARD

Mon oncle Barbassou.
La Buveuse de Perles.
Inès Parker.
L'Étoile de Jean.
Joconde Berthier.
Mademoiselle Blaisot.
Antoinette ma Cousine.

ÉDITIONS DE BIBLIOPHILES

COLLECTION DES SUCCÈS DU ROMAN MODERNE

ALBERT DELPIT

LE FILS DE CORALIE

ILLUSTRÉ DE SIX EAUX-FORTES DE LIOS RIOS

Un beau volume in-8ᵉ sur vélin blanc, tiré à petit nombre. — Prix . . . . : **20 fr.**

Il a été tiré à part :

Numéros 1 à 25. — Vingt-cinq exemplaires sur papier du Japon, avec double suite des planches, l'une en noir, l'autre en bistre, toutes deux avec remarque avant la lettre. — Prix . . . . **60 fr.**

— 26 à 50. — Vingt-cinq exemplaires sur papier de Hollande, planches avec remarque avant la lettre. — Prix . . . . **50 fr.**

GEORGES OHNET

SERGE PANINE

ILLUSTRÉ DE DIX EAUX-FORTES DE A. LALAUZE

Un beau volume in-8° sur vélin blanc, tiré à petit nombre. — Prix. . . . . **20 fr.**

LE MAITRE DE FORGES

ILLUSTRÉ DE DIX EAUX-FORTES DE PAUL AVRIL

Un beau volume in-8° sur vélin blanc, tiré à petit nombre. — Prix . . . . **20 fr.**

De ces deux ouvrages, il a été tiré à part :

Numéros 1 à 50. — Cinquante exemplaires sur papier du Japon avec double suite, l'une des planches en premier état, l'autre des planches avant la lettre. — Prix. . . . . **60 fr.**

— 51 à 100. — Cinquante exemplaires sur papier de Hollande avec double suite, l'une des planches avant la lettre, l'autre des planches après la lettre. — Prix . . . . **50 fr.**

PUBLICATIONS DRAMATIQUES

LES FEMMES COLLANTES, comédie bouffe en 5 actes (*Déjazet*), par LÉON GANDILLOT. — Un vol. in-18. . . . . **2 fr.** »

SERGE PANINE, pièce en 5 actes (*Gymnase*), par GEORGES OHNET.—Un vol. in-18. **2 fr.** »

LE FILS DE CORALIE, comédie en 4 actes en prose (*Gymnase*), par ALBERT DELPIT. — Un vol. in-18. . . . . **2 fr.** »

LE MAITRE DE FORGES, pièce en 4 actes et 5 tableaux (*Gymnase*), par GEORGES OHNET. — Un vol. in-18. . . . . **2 fr.** »

LE PÈRE DE MARTIAL, comédie en 4 actes en prose (*Gymnase*), par ALBERT DELPIT. — Un vol. in-18 . . . . **2 fr.** »

TROIS FEMMES POUR UN MARI, comédie bouffe en 5 actes (*Cluny*), par E. GRENET-DANCOURT. — Un vol. in-18. . . . . **2 fr.** »

UNE FAMILLE, comédie en trois actes (*Comédie Française*), par HENRI LAVEDAN. — Un vol. gr. in-18. . . . . **3 fr. 50**

OUTHENIN-CHALANDRE FILS & Cie

FABRICANTS DE PAPIERS

16, Rue Notre-Dame-des-Victoires

HISTORIQUE

La maison Outhenin-Chalandre fils et Cie a été fondée en
1834, par M. J. Outhenin Chalandre.

Cette date marque le début du « Fabricant de Papier »;
jusque-là et depuis plusieurs siècles, la famille Outhenin-
Chalandre était imprimeur à Besançon, et ce fut la difficulté
de se procurer les papiers nécessaires à l'imprimerie qui
devint l'origine de l'usine de Geneuille.

Depuis cette époque, l'imprimerie de Besançon, conservée
dans la famille, et faisant encore des travaux justement
appréciés, a dû céder le pas devant le papier dont la fabrication n'a pas cessé de suivre, dans la maison, une marche
ascendante et sans arrêt.

M. J. Outhenin-Chalandre mourut en 1875, laissant la
maison à ses fils qu'il avait associés depuis longtemps;
en 1885, la troisième génération fut associée à son tour
dans les personnes de MM. Gaston et Joseph Outhenin-
Chalandre.

SITUATION ACTUELLE. — USINES.

ORGANISATION

Voici, par ordre de date, le tableau des établissements
successivement créés par MM. Outhenin-Chalandre fils
et Cie.

L'usine de Geneuille a été fondée en 1835
        —   Chevroz   —   .   1846
        ...   Savoyeux   —   —   1855
        —   Deluz   1875
        ...   Seveux   1877

Ces divers établissements, tous situés en Franche-Comté, comportent 7 grandes machines à papiers :

3 à Geneuille,
3 à Deluz,
1 à Savoyeux.

Chaque usine est spécialisée comme genre de fabrication :

Geneuille fait les écoliers et les impressions;

Deluz et Savoyeux, toute l'échelle des beaux papiers vergés et vélins.

A Seveux est concentrée, sur de très vastes proportions, la production des pâtes d'alfa, de paille et de bois chimiques, avec la fabrication de la soude, la régénération des produits chimiques, etc.

Le surplus de la fabrication de cette usine est vendu à quelques confrères.

Nous ajouterons que l'usine de Geneuille a été transformée, en 1885, de fond en comble, et mise à la hauteur des besoins actuels. Sur l'usine ancienne, une usine nouvelle s'est dressée.

Enfin, la vente se fait entièrement par l'intermédiaire du dépôt de Paris, fondé en 1837, qui a centralisé toutes les affaires en trois grands départements :

Exportation.

Province.

Paris.

PERSONNEL

Le personnel employé par la maison Outhenin-Chalandre fils et Cie s'élève à 1,100 ouvriers.

Chaque usine possède ses maisons ouvrières à courte distance d'elle; des écoles, des crèches prennent les enfants dès le plus bas âge; des jardins, des bûchers, fours, etc., sont annexés aux maisons; un médecin est attaché à chaque usine et une pharmacie est à sa disposition.

Logement, jardins, crèches, etc., soins médicaux et pharmaceutiques, tout est gratuit.

PRODUCTION. — GENRE DE FABRICATION

La production journalière s'élève à près de 20,000 kilogrammes.

Comme genre de fabrication, la maison Outhenin-Chalandre fils et C[io] embrasse toute l'échelle des « papiers fins », soit qu'ils appartiennent aux sortes d'écriture ou aux sortes d'impression ; elle ne fabrique pas les papiers d'impression et les papiers d'écriture communs, c'est-à-dire le journal, le bulle, l'emballage, etc., préférant ne pas gâter la main de son personnel habitué à ne produire que des papiers d'une facture soignée.

Voici le sommaire des principaux genres de papiers fabriqués :

1° Papiers parcheminés colle animale et colle végétale pour titres, actions, chèques, avec filagrane clair et filagrane ombré dans la pâte. Papier de sûreté réagissant aux acides et aux bases ;

2° Vélins et Vergés anglais en 6 pâtes filagranés OCF, avec dessins variés suivant la qualité ;

3° Coquilles vélins, colle végétale en 10 pâtes ;

4° Pâtes à registre. Écoliers ;

5° Bobines pour méthodes d'écriture, pour papiers couchés, pour cartes à jouer ;

6° Carte transparente ivoire en 3 pâtes ;

7° Impressions. Spécialité de papiers d'alfa pour Journaux et Livres illustrés.

La plupart des papiers ci-dessus sont soumis à l'examen du Jury, qui pourra se rendre compte qu'au milieu de tous ces genres divers où elle tient son rang parmi les meilleures, la maison Outhenin-Chalandre fils et C[io] a porté spécialement ses efforts sur deux points où elle a réussi à conquérir, en France, la première place d'une façon incontestée :

1° A vulgariser, en France, le goût des beaux papiers « dits anglais » vélins et vergés « collés à la gélatine » par les procédés anglais qu'elle est encore seule à y posséder depuis 1855, et auxquels sont venus s'ajouter toutes les qualités secondaires de « vergé anglais », colle végétale,

dont la facture n'est pas moins soignée. Plus de 300 rouleaux
à filigranes différents servent actuellement à marquer ces
papiers et témoignent de leur vogue.

2° A répandre de même en France, les impressions sur
papiers d'alfa glacés à l'usine — tels que l'*Illustration*, le
Monde illustré, la *Revue illustrée*, etc. Seule en France, la
maison Outhenin-Chalandre fils et Cie a donné une extension considérable à la fabrication de l'alfa dont elle con-
somme plus de 3,000 tonnes.

Tous ces papiers ont été amenés à des prix abordables
en rentrant dans la grande consommation, et la maison
Outhenin-Chalandre fils et Cie peut dire qu'elle est restée
presque seule dans ces genres à résister à la concurrence
étrangère qu'elle a en grande partie éliminée.

Si l'on joint à ces deux grandes branches qui sont fonda-
mentales, l'une dans l'écriture, l'autre dans l'impression,
les spécialités chères telles que les parcheminés-ombrés,
genre dans lequel, tant à la forme qu'à la machine, la
France peut réclamer aujourd'hui le premier rang; les
papiers fiduciaires sensibles, créés en 1886, qui ont permis
à la maison, par leur supériorité, de prendre des ordres
importants sur les marchés étrangers; les papiers à ciga-
rettes pur fil, de solidité et de finesse hors ligne qui main-
tiennent la vieille renommée française dans ces sortes; les
papiers à lettre de luxe, enfin toutes spécialités en papiers
« gélatinés » pour tous les papiers qui demandent de la
résistance; tant à la traction qu'au temps, on verra que
si la maison Outhenin-Chalandre fils et Cie tient dans sa
profession le rang qu'elle y occupe, elle le doit à la persis-
tance des efforts qui se sont perpétués chez elle de génération en génération.

RÉCOMPENSES

Médaille d'argent...........	1855	Paris Exposition universelle
— —	1867	— — —
Diplôme d'honneur..........	1860	Besançon
Croix de la Légion d'honneur.	1865	M. J. Outhenin-Chalandre
Médaille d'or	1878	Paris Exposition Universelle
Melbourne	1889	1re classe de mérite
GRAND PRIX.................	1889	Paris Exposition Universelle
Croix de la Légion d'honneur.	1889	M. A. Outhenin-Chalandre

IMAGES DE PANNIER

ÉDITEUR

HONORÉ D'UN RESCRIT PONTIFICAL

3, Rue du Vieux-Colombier, 3

PARIS

Depuis longtemps dés essais ont été tentés pour faire sortir l'**Imagerie religieuse**, de l'infériorité où elle était tombée.

Il est permis de citer comme ayant le mieux réussi dans cette rénovation M. PANNIER (Jean-Stéphen) qui présente à cette exposition des vignettes religieuses **composées** par lui et **exécutées au burin sous sa direction.**

Il faut avouer que la Providence l'a merveilleusement servi pour lui permettre d'accomplir cette œuvre artistique si difficile.

Il a eu en effet le singulier privilège d'avoir pour père et pour mère deux des plus distingués artistes graveurs du XIX⁰ siècle. Dès l'enfance son juge-ment et son goût se sont formés sous la direction et avec les conseils de ces deux Maîtres du burin. Aussi aime-t-il avec raison à se prévaloir souvent de ce très précieux avantage qu'aucun autre Éditeur d'Images, ne partage, croyons-nous, avec lui.

Qui pourrait blâmer un fils de rappeler de tels antécédents et de placer sous le patronage de ses parents bien-aimés l'œuvre à laquelle il a déjà consacré bien des années, quand on voit tant de fabricants rappeler les récompenses obtenues par leurs dévoués coopérateurs.

La Maison célèbre cette Année

SES

VINGT-CINQ ANS DE FONDATION

LES ŒUVRES

DE

JACQUES-ETIENNE PANNIER

MAITRE GRAVEUR

ET DE

MARIE-LOUISE PANNIER

SA FEMME

ont figuré aux Expositions des Arts Rétrospectifs
du Centenaire de 1889 — Paris
de Tours 1892
des Arts Décoratifs à Paris 1892

Jacques-Etienne Pannier naquit à Paris, il étudia l'art de la gravure au burin chez Garnier, élève de Bervic et s'appliqua spécialement à la gravure de portraits, il se maria en 1832. Sa femme Marie-Louise Pannier, artiste graveur elle-même, fut pour lui une dévouée coopératrice, sa spécialité était le paysage. Ils mirent en commun leur talent et reproduisirent des œuvres remarquables pour les éditeurs les plus importants : MM. Gavard, Perrotin, Lheureux, Pagnerre, Hachette et Mame. Ces œuvres les placèrent au premier rang des graveurs du XIXe siècle.

Jacques-Etienne Pannier obtint une médaille d'or de 1re classe en 1849. Le grand dictionnaire du XIXe siècle de Larousse fait une flatteuse mention de cet artiste. En 1889 la Commission officielle de l'art rétrospectif le choisi pour l'inscrire au catalogue officiel de l'Exposition Centennale, véritable livre d'or de l'Art français, à côté des Bervic, des Desnoyers, des Forster, des François, des Lefèvre, des Lignon et des Martinet.

Madame Louise Pannier, dans le genre du paysage, a surpassé les graveurs anglais qui jusqu'alors avaient eu la suprématie dans cette délicate spécialité du burin. Ils inspirèrent à leur fils actuellement Editeur d'Imagerie le goût du beau et lui donnèrent les moyens d'exprimer les sentiments artistiques qu'il devait à son éducation.

E. PLON, NOURRIT & CIE

IMPRIMEURS-ÉDITEURS

Rue Garancière, 8 et 10, à PARIS

IMPRIMERIE

FONDERIE
GALVANOPLASTIE
&
STÉRÉOTYPIE

LIBRAIRIE

LITTÉRATURE
HISTOIRE
BEAUX-ARTS
JURISPRUDENCE

Paris 1844, Méd. d'Argent — Paris 1849, Méd. d'Or

Londres 1851, Prize Medal — Paris 1855, *Médaille d'Honneur*

Londres 1862, Medal (*Honoris causa*) — Paris 1867, Méd. d'Argent — Paris 1878, Méd. d'Or

Anvers 1885, *Diplôme d'Honneur*

Barcelone 1888, Méd. d'Or — Melbourne 1888, Méd. d'Or

PARIS 1889, **GRAND PRIX**

COLLECTION DE MÉMOIRES

ANCIEN RÉGIME, RÉVOLUTION, EMPIRE, RESTAURATION, ETC.

MARBOT (G^{al} B^{on} de). — Mémoires du général baron de Marbot.

    I. *Gênes, Austerlitz, Eylau.*

    II. *Madrid, Essling, Torrès-Védras.*

    III. *Polotsk, la Bérésina, Leipzig, Waterloo.*

Trois vol. in-8° avec portraits (22e édit.).   22 fr. 50

GONTAUT (Duchesse de). — Mémoires de madame la duchesse de Gontaut, gouvernante des Enfants de France pendant la Restauration (1773-1836). Un vol. in-8° avec portrait (2e édit.). Prix.   7 fr. 50

JARRAS (Général). — Souvenirs du général Jarras, chef d'état-major général de l'armée du Rhin. Un vol. in-8° avec carte. Prix. . .   7 fr. 50

Mgr DE SALAMON. — Mémoires inédits de l'internonce à Paris, pendant la Révolution (1790-1801), avec introduction, notes et pièces justificatives, par l'abbé Bridier, du clergé de Paris. Un vol. in-8°. Prix. . . . .   7 fr. 50

ROCHECHOUART (G^{al} Cte de). — Souvenirs sur la Révolution, l'Empire et la Restauration, par le général comte de Rochechouart, aide de camp du duc de Richelieu, aide de camp de l'empereur Alexandre Ier, commandant la place de Paris sous Louis XVIII. Un vol. in-8° avec deux portraits (2e édit.). Prix . . . .   7 fr. 50

MACDONALD (Maréchal). — Souvenirs du maréchal Macdonald, duc de Tarente, avec une introduction par M. Camille Rousset, de l'Académie française. Un vol. in-8° avec portraits (5e édit.). Prix. . . . .   7 fr. 50

HYDE DE NEUVILLE. — Mémoires et Souvenirs du baron Hyde de Neuville.

    I. *La Révolution, le Consulat, l'Empire.*

    II. *La Restauration, les Cent-jours, Louis XVIII.*

    III. *Charles X, la duchesse de Berry, le comte de Chambord.*

Trois vol. in-8° avec portraits. Prix. .   22 fr. 50

OUVRAGES DE LUXE

GUILLAUMET (G.). — Tableaux algériens. Un vol. in-4° elzevir, avec eaux-fortes. Prix. 40 fr.

RICHER (D'). — L'Anatomie artistique. Accompagné de 110 planches. Deux vol. in-4°. . 50 fr.

PLON (Eugène). — Leone Leoni et Pompeo Leoni. Un vol. in-4° avec eaux-fortes. Prix. . . 50 fr.

LE LIVRE DU CENTENAIRE DU JOURNAL DES DÉBATS. Un vol. in-4° avec eaux-fortes. 50 fr.

GRAVURE EXTRAITE DE *LA NEUVAINE DE COLETTE*

SCHULTZ (Jeanne). — **La Neuvaine de Colette.** Illustrations par É. Bayard. Un vol. in-8°. 15 fr.

HUGUES LE ROUX. — **Les Jeux du Cirque et la Vie foraine.** Illustrations de Jules Garnier. 25 fr.

LA FRANCHE-COMTÉ. — Texte par Henri Bouchot, illustrations par Eugène Sadoux. Un magnifique vol. in-4° illustré d'eaux-fortes, etc. Prix. 60 fr.

FROMENTIN (E.). — **Sahara et Sahel.** Nouvelle édition. Grand in-8° avec eaux-fortes. Prix. 20 fr.

LES MAITRES FLORENTINS DU XV° SIÈCLE. Trente dessins par le vicomte Henri Delaborde et W. Haussoulier, d'après les peintures et les sculptures originales tirées des collections de M. Thiers. Un vol. in-folio. Prix. . . . . 300 fr.

LIBRAIRIE RORET

FONDÉE EN 1823 PAR M. NICOLAS-EDME RORET
CONTINUÉE EN 1860 PAR M. EDME RORET, SON FILS
Rue Hautefeuille, 12, PARIS

RÉCOMPENSES OBTENUES

AUX DIVERSES EXPOSITIONS

1860	Exposition industrielle et agricole, à Troyes. . . .	Médaille d'Argent.
1867	— universelle, à Paris (Agriculture et industrie)	— de Bronze.
—	— universelle, à Paris (Librairie).	Mention honorable.
1868	— internationale maritime, au Havre. . .	Médaille d'Argent.
1872	— d'Économie domestique, à Paris	— —
1873	— universelle, à Vienne (Autriche)	Diplôme de mérite.
1878	— universelle, à Paris (Enseignement professionnel).	Médaille d'Argent.
—	— universelle, à Paris (Librairie)	— de Bronze.
1879	— internationale des Sciences appliquées à l'Industrie, à Paris	— d'Or.
1885	— universelle, à Anvers	— d'Argent.
—	— du Travail, à Paris	— d'Or.
1886	— internationale des Sciences et des Arts industriels, à Paris.	— d'Or.
1887	— internationale maritime, au Havre. . .	— d'Or.
—	— d'Entomologie et d'Apiculture, à Paris.	Diplôme d'honneur.
1888	— industrielle et viticole, à Troyes	— —
—	— universelle, à Barcelone	Médaille d'Argent.
—	Concours international industriel, à Bruxelles . .	— d'Or.
—	Exposition universelle, à Melbourne	Diplôme de premier ordre de mérite.
1889	— universelle, à Paris (Enseignement professionnel).	Médaille d'Argent.
—	— universelle, à Paris (Librairie). . . .	— de Bronze.
—	— universelle, à Paris (Horticulture) . . .	— —
1890	— internationale des Sciences et des Arts industriels, à Paris.	Diplôme d'honneur. Membre du Jury.
1891	— d'Apiculture et d'Insectologie, à Paris.	Diplôme d'honneur.

COLLECTION DES MANUELS RORET

MANUELS PUBLIÉS DE 1880 A 1892

(Les ouvrages précédés d'un astérisque viennent de paraître)*

* **Manuel de l'Accordeur de Pianos**, par M. G. Huberson. 1 vol. avec fig. . . 2 fr. 50

— **Alcoométrie**, par MM. F. Malepeyre et Aug. Petit. 1 vol. . . . . 1 fr. 75

* — **Alimentation**, par M. Maigne. 2 volumes :

* — 1re partie (*Substances alimentaires et Falsifications*). 1 vol. . . . . 3 fr. »

* — 2° partie (*Conserves alimentaires*). 1 vol. . . . . 3 fr. »

* — **Amidonnier** et Fabricant de Pâtes alimentaires, par MM. Morin, Malepeyre et Larbalétrier. 1 vol. accompagné de planches. . . . . 3 fr. »

— **Bijoutier-Joaillier et Sertisseur**, par MM. J. Fontenelle, F. Malepeyre et A. Romain. 1 vol. accompagné de planches . . . . 3 fr. »

— **Bijoutier-Orfèvre**, par MM. J. Fontenelle, F. Malepeyre et A. Romain. 2 vol. accompagnés de planches . . . . 6 fr. »

— **Briquetier, Tuilier, fabricant de Carreaux**, etc., par MM. F. Malepeyre et A. Romain. 2 vol. avec planches. . . . . 6 fr. »

— **Bronzage des Métaux et du Plâtre**, par MM. Debonliez et Lacombe. 1 vol. 1 fr. 25

— **Caoutchouc, Gutta-Percha, Gomme factice, Toiles cirées**, par M. Maigne, 2 vol. avec figures. . . . . 5 fr. »

— **Charcutier, Boucher, Équarrisseur**, par M. Maigne. 1 vol. avec figures. 2 fr. 50

— **Charron-Forgeron**, par M. G. Marin-Darbel. 1 vol. avec fig. et pl. . . 3 fr. 50

— **Chauffage et Ventilation des Bâtiments publics et privés**, par MM. A. Romain. 1 vol. avec figures et planches. . . . . 3 fr. »

— **Chaufournier, Plâtrier, Carrier et Bitumier**, par MM. Magnier et Romain. 1 vol. avec planches et figures. . . . . 3 fr. 50

— **Cheval** (Éducation et Dressage du), par M. de Montigny. 1 volume accompagné de planches . . . . 3 fr. »

— **Couleurs** (Fabrication des), par MM. Riffault, Vergnaud, Toussaint et Malepeyre. 2 vol. avec planches. . . . . 7 fr. »

— **Danse**, par MM. Blasis et Lemaitre. 1 vol. orné de figures. . . . . 1 fr. 25

— **Dessinateur**, par M. Boutereau. 1 vol. avec Atlas. . . . . 5 fr. »

— **Distillateur-Liquoriste**, par MM. Lebeaud, J. Fontenelle et Malepeyre. 1 v. 3 fr. 50

* — **Distillation des Grains et des Mélasses**, par MM. F. Malepeyre et Alb. Larbalétrier. 1 vol. et Atlas in-8. . . . . 5 fr. »

— **Dorure sur bois**, par M. Saulo. 1 vol. orné de figures. . . . . 1 fr. 50

* — **Dorure, Argenture et Nickelage sur métaux**, par MM. Mathey, Maigne et Villon. 1 vol. orné de figures . . . . 3 fr. 50

— **Ébéniste et Tabletier**, par MM. Nosban et Maigne. 1 vol. avec fig. et pl. 3 fr. 50

— **Engrais**, par MM. Landrin et Larbalétrier. 1 vol. orné de figures . . 3 fr. »

— **Équitation**, par MM. Vergnaud et d'Attanoux. 1 vol. avec figures . . . 3 fr. »

— **Escrime**, par M. Lafaugère. 1 vol. orné de figures. . . . . 2 fr. 50

— **Ferblantier-Lampiste**, par MM. Lebrun, Malepeyre et A. Romain. 1 vol. avec figures et planches . . . . 3 fr. 50

— **Gardes champêtres, Gardes forestiers, Garde-pêche et Garde-chasse**, par MM. Boyard, Vasserot, V. Émion et L. Crevat. 1 vol. . . . . 2 fr. 50

— **Horloger-Rhabilleur**, par M. Perségol. 1 vol. avec figures et planches. 2 fr. 50

— **Laiterie**, par M. Maigne. 1 vol. avec figures. . . . . 3 fr. »

— **Liquides** (Amélioration des), par M. V.-F. Lebeuf. 1 vol. . . . . 3 fr. »

* — **Lithographe** (Imprimeur et Dessinateur), par M. Villon. 2 vol. et Atlas. 9 fr. »

— **Luthier**, par M. Maugin. 1 vol. avec fig. et pl. (*sous presse*).

— **Maçon, Stucateur, Carreleur et Paveur**, par MM. Toussaint, Magnier, G. Picat Romain. 1 vol. accompagné de 7 planches et orné de figures. . . . . 3 fr. 50

— **Marqueteur, Tabletier et Ivoirier**, par MM. Maigne et Robichon. 1 vol. orné de figures. . . . . 3 fr. 50

— **Mécanicien-Fontainier**, par M. Romain. 1 vol. orné de figures. . . . 3 fr. 50
— **Menuisier en Bâtiment** et **Layetier**, par MM. Nosban et Maigne. 2 volumes avec figures et planches . . . . 6 fr. »
— **Mines**, 2° partie (*Métaux, etc.*), par M. Knab. 1 vol. orné de figures. . . 3 fr. 50
— **Mouleur**, par MM. Lebrun, Magnier et Robert. 1 vol. orné de figures. 3 fr. 50
— **Naturaliste préparateur**, par MM. Boitard et Maigne. 2 volumes :
— 1ʳᵉ partie (*Classifications, Collections*). 1 vol. orné de figures. . . . . . 3 fr. »
— 2° partie (*Taxidermie, Préparations, Embaumements*). 1 vol. orné de fig. 3 fr. 50
— **Numismatique ancienne**, par M. A. de Barthélemy. 1 vol. et Atlas. . 7 fr. »
— **Numismatique du moyen âge et moderne**, par M. Ad. Blanchet. 3 volumes et Atlas. . . . . 15 fr. »
— **Oiseaux** (Éleveur d'), par M. Schmitt. 1 vol. . . . . 1 fr. 75
— **Pâtissier**, par M. Leblanc. 1 vol. . . . . 3 fr. »
— **Pêcheur-Praticien**, par M. Lambert. 1 vol. avec fig. et planches. . . . 1 fr. 50
— **Peintre en bâtiments, Vernisseur, Vitrier et Colleur**, par MM. Riffault, Vergnaud, Toussaint et Malepeyre. 1 vol. orné de fig. . . . . 3 fr. »
— **Peinture et Vernissage** des Métaux et du Bois, par MM. Fink et Lacombe. 1 vol. orné de figures. . . . . 2 fr. »
— **Peinture sur Verre, sur Porcelaine et sur Émail**, par MM. Reboulleau, Magnier et A. Romain. 1 vol. . . . . 3 fr. 50
— **Pelletier-Fourreur et Plumassier**, par M. Maigne. 1 vol. avec figures. 2 fr. 50
— **Perspective**, par M. Vergnaud. 1 vol. avec planches. . . . . 3 fr. »
— **Photographie** sur papier et sur verre (*Suppl.*), par M. Huberson. 1 vol. 3 fr. »
— **Plombier, Zingueur, Couvreur, Appareilleur à gaz**, par M. Romain. 1 vol. avec figures et planches . . . . 3 fr. 50
— **Poêlier-Fumiste**, par MM. Ardenni, J. de Fontenelle, F. Malepeyre et A. Romain. 1 vol. avec figures . . . . 3 fr. »
— **Pompes** (Fabricant de), par MM. Biston, Janvier et Romain. 1 vol. orné de figures et accompagné de planches. 3 fr. 50
— **Ponts et Chaussées**, 2° partie, *Ponts et Aqueducs en maçonnerie*, par M. de Gayffier. 1 vol. avec planches. . . . . 3 fr. 50
— 3° partie, *Ponts en bois et en fer*, par M. A. Romain. 1 vol. avec pl. et fig. 3 fr. 50
— **Relieur**, par M. S. Lenormand et M. Maigne. 1 vol. avec planches. . . 3 fr. 50
— **Sapeur-Pompier**, Manuel *officiel* composé par l'État-major de Paris, publié par ordre du Ministre de la Guerre. *Édition complète.* 1 fort vol. orné de figures. 3 fr. 50
— **Sapeur-Pompier**, Manuel *abrégé* à l'usage des départements, manœuvre avec demi-garnitures roulées. 1 vol. avec figures. . . . . 2 fr. »
— **Sapeurs-Pompiers** (Théorie des). Extrait du Manuel officiel, manœuvre avec demi-garnitures roulées. 1 vol. avec figures. . . . . 0 fr. 75
— **Savonnier**, par M. G.-E. Lormé. 3 vol. accompagnés de planches. . . 9 fr. »
— **Sculpture sur bois**, Découpage des bois, des métaux, etc., par M. Lacombe. 1 vol. orné de figures. . . . . 3 fr. 50
— **Sommelier et Marchand de Vins**, par M. Maigne. 1 vol. orné de fig. . 3 fr. »
— **Sondeur, Puisatier, Hydroscope**, par M. A. Romain. 1 vol. avec planches. 3 fr. 50
— **Tanneur, Corroyeur et Hongroyeur**, par M. Maigne. 2 vol. avec fig. et pl. 6 fr. »
— **Teinturier**, 1ʳᵉ partie, par MM. Thillaye, Vergnaud, Malepeyre et Romain. 2 vol. avec planches. . . . . 7 fr. »
— **Teinturier** (Supplément), *Couleurs d'Aniline*, par M. Villon. 1 vol. . . 3 fr. 50
— **Télégraphes électriques**, Téléphones, Sonneries et Avertisseurs, par M. A. Romain. 1 vol. avec figures et planches. . . . . 3 fr. 50
— **Treillageur**, 2° partie, par M. Darthuy. 1 vol. avec figures et planches. 3 fr. »
— **Vernis**, par M. Romain. 1 volume avec figures. . . . . 3 fr. 50
— **Vinaigrier et Moutardier**, par MM. Julia de Fontenelle et Malepeyre. 1 volume avec figures. . . . . 3 fr. 50
— **Vins** (Calendrier des), par M. V.-F. Lebeuf. 1 vol. . . . . 1 fr. 75
— **Vins de Fruits et Boissons économiques**, par M. F. Malepeyre. 1 vol. . 3 fr. »

Cette Collection se compose actuellement de 340 volumes in-18, accompagnés de planches ou ornés de figures intercalées dans le texte. Les Manuels épuisés sont revus avec soin et complétés par les perfectionnements ou par les nouvelles connaissances industrielles ou scientifiques ; ils constituent ainsi autant d'ouvrages nouveaux.

COLLECTION DES SUITES A BUFFON

Cette grande publication scientifique, commencée en 1834, rédigée par des naturalistes, membres de l'Institut de France, professeurs au Muséum et dans diverses Facultés, aides-naturalistes, membres de Sociétés savantes, etc., se compose de 90 volumes in-8° et de 976 planches gravées en taille-douce, tirées en noir et en couleur.

COLLABORATEURS : MM. Amyot, Audinet-Serville, Bibron, Boisduval, Brullé, De Candolle, Chapuis, F. Cuvier, Delafosse, Dujardin, C. Duméril, A. Duméril, Is. Geoffroy Saint-Hilaire, Gervais, Guénée, J. Haime, Huot, Hupé, Th. Lacordaire, Lepelletier de Saint-Fargeau, Lesson, Macquart, H. Milne-Edwards, De Quatre-fages, Rambur, Ed. Spach, L. Vaillant, De Walckenaer.

DERNIER OUVRAGE PARU :

HISTOIRE DES ANNELÉS MARINS ET D'EAU DOUCE (1865-1890), par M. de Quatrefages, membre de l'Institut, professeur au Muséum, et L. Vaillant, professeur au Muséum.

> 5 volumes in-8° et 3 livraisons de planches (29 planches).
> Figures noires. . . . . **45** fr.

Il ne reste plus actuellement de planches coloriées des deux premières livraisons. Il a été tiré en couleur un petit nombre d'exemplaires de la troisième livraison, pour permettre aux souscripteurs et acquéreurs des livraisons 1 et 2 de compléter leurs atlas de planches.

OUVRAGES ICONOGRAPHIQUES

sur

LA BOTANIQUE ET L'HORTICULTURE

ILLUSTRATIONES PLANTARUM ORIENTALIUM. Choix des plantes nouvelles ou peu connues de l'Asie Occidentale, par M. le Comte Jaubert et M. Ed. Spach, aide-naturaliste au Muséum de Paris.

> 5 volumes petit in-4°, contenant 500 planches, 4 cartes géographiques
> et 750 pages de texte *latin* . . . . **750** fr.

TRAITÉ DES ARBRES FRUITIERS, par Duhamel du Monceau. Édition revue et augmentée par MM. Veillard, de Mirbel, Poiret et Loiseleur-Deslongchamps.

> 2 volumes in-folio (482 pages de texte), contenant 145 planches
> gravées en taille-douce, d'après les dessins de Redouté et de Bessa,
> tirées en couleur et retouchées au pinceau, reliés. . . . . **110** fr.

Cet ouvrage est extrait d'un autre plus considérable, le **Traité des Arbres et Arbustes**, des mêmes Auteurs, en 7 volumes in-folio, que le manque de place n'a pas permis d'exposer.

Paris. — Typographie Gaston Née, 1, rue Cassette. — 6621.

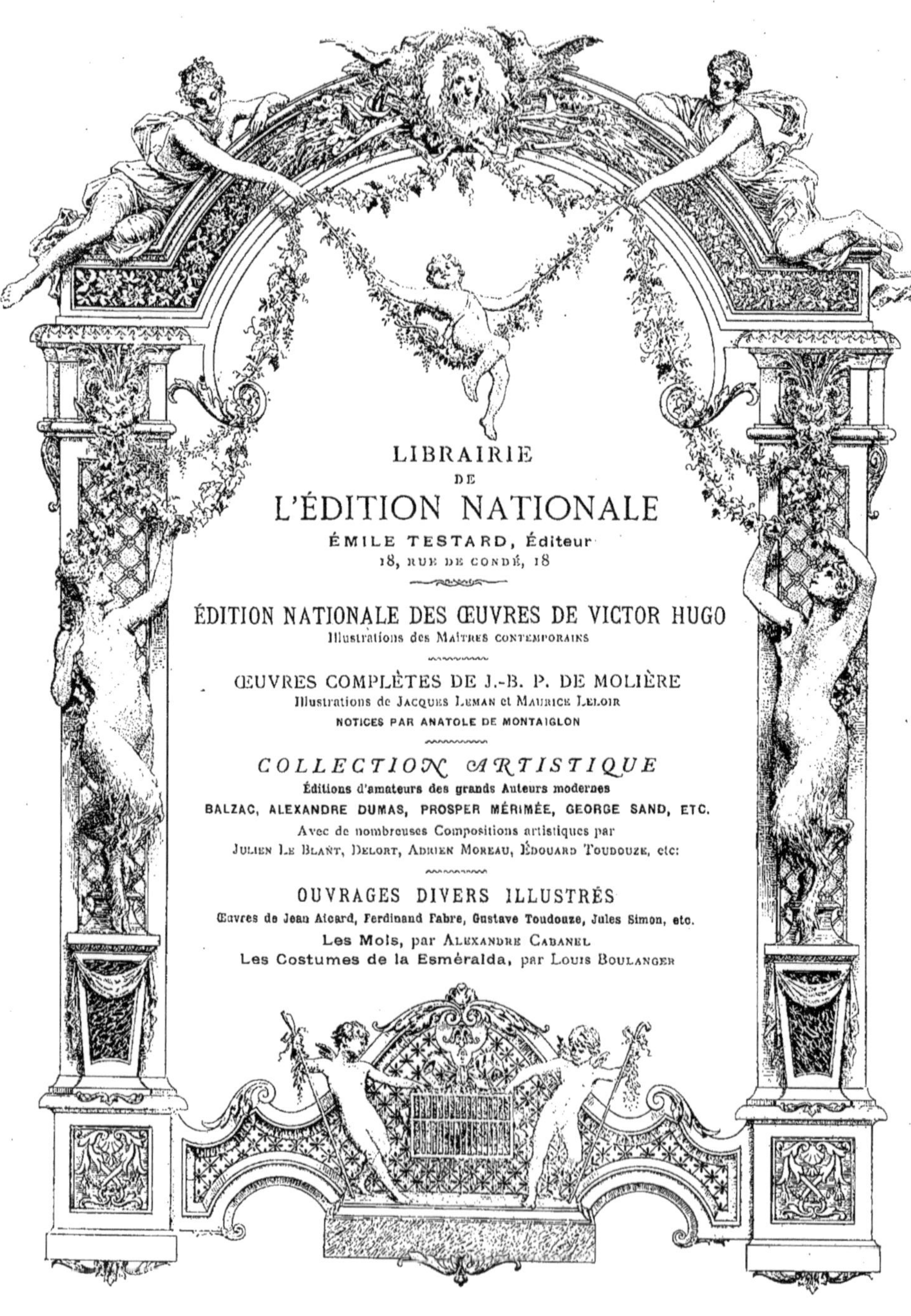

LIBRAIRIE
DE
L'ÉDITION NATIONALE
ÉMILE TESTARD, Éditeur
18, RUE DE CONDÉ, 18

ÉDITION NATIONALE DES ŒUVRES DE VICTOR HUGO
Illustrations des Maîtres contemporains

ŒUVRES COMPLÈTES DE J.-B. P. DE MOLIÈRE
Illustrations de Jacques Leman et Maurice Leloir
NOTICES PAR ANATOLE DE MONTAIGLON

COLLECTION ARTISTIQUE
Éditions d'amateurs des grands Auteurs modernes
BALZAC, ALEXANDRE DUMAS, PROSPER MÉRIMÉE, GEORGE SAND, ETC.
Avec de nombreuses Compositions artistiques par
Julien Le Blant, Delort, Adrien Moreau, Édouard Toudouze, etc.

OUVRAGES DIVERS ILLUSTRÉS
Œuvres de Jean Aicard, Ferdinand Fabre, Gustave Toudouze, Jules Simon, etc.
Les Mois, par Alexandre Cabanel
Les Costumes de la Esméralda, par Louis Boulanger

OEUVRES COMPLÈTES

DE

VICTOR HUGO

(ÉDITION NATIONALE)

VOLUMES PARUS :

1° POÉSIE. — 15 Volumes

Illustrateurs : Émile Adan — Bayard — Benjamin Constant — Besnard — Boulanger — Joseph Blanc — Cabanel — Raphaël Collin — Cormon — Comerre — Dagnan-Bouveret — Dalou — Dantan — Debat-Ponsan — Doucet — Duez — F. Flameng — Français — Gérome — Glaize — Gervex — Giacomelli — Fantin-Latour — Henner — Heilbuth — Julien Le Blant — Jules Lefebvre — Émile Lévy — Jean-Paul Laurens — Madeleine Lemaire — Lhermitte — Antonin Mercié — Ribot — Rodin — Tony Robert-Fleury, etc., etc.

Graveurs : Boilot — Bracquemond — E. Buland — Boulard — Champollion — Chauvel — Courtry — Damman — Deblois — Duvivier — Gaujean — Géry-Bichard — Achille Jacquet — Léopold Flameng — Kratké — Laguillermie — Lefort — Le Rat — Lalauze — Le Couteux — Lucas — Louveau-Rouveyre — Mathey — Milius — Mordant — Massard — Masson — Mongin — Monziès — Penet — Ramus — Rudaux — Ruet — Rapine — Vion, etc., etc.

2° DRAME. — 5 Volumes

Illustrateurs : Bida — Bordes — Dupain — Fichel — Fritel — Lalauze — Maurice Leloir — Henri Martin — Lucien Mélingue — Albert Maignan — Adrien Moreau — Moreau de Tours — Mesplès — Henri Pille — Rochegrosse.

Graveurs : Abot — Champollion — Courtry — Gaujean — Géry-Bichard — Lalauze — Le Couteux — Lefort — Léopold Flameng — Mongin — Monziès — Salmon.

3° ROMAN. — 14 Volumes

Illustrateurs : Bourgain — Delort — Démarest — Duez — Georges Jeanniot — Luc-Olivier Merson — George Roux — Raffaëlli.

Graveurs : Boilot — Boisson — Boulard — De Billy — Focillon — Fornet — Courtry — Géry-Bichard — Lefort — Mongin — Raffaëlli.

On voit, par cette nomenclature, que l'*Édition Nationale* a déjà publié 34 volumes des *Œuvres de Victor Hugo*. L'illustration de ces volumes se compose de 175 grandes eaux-fortes hors texte et d'environ 1 600 vignettes imprimées en taille douce dans le texte. L'*Édition nationale des Œuvres de Victor Hugo* sera terminée en 1894. (Le prix de chaque volume de l'*Édition nationale* est de 30 francs.)

OEUVRES COMPLÈTES
DE
J.-B. P. DE MOLIÈRE

Ornées de plus de 700 compositions inédites

PAR

JACQUES LEMAN et MAURICE LELOIR

Luxueuse-Édition in-4º raisin, imprimée en caractères elzéviriens du xviiᵉ siècle
Réimpression textuelle sur les Éditions originales

AVÉC NOTICES

Par ANATOLE DE MONTAIGLON

Cette édition des *Œuvres complètes de Molière* paraît par pièces détachées, complètes, avec titre et pagination spéciale. L'ensemble formera 32 fascicules superbement illustrés.

Le texte est soigneusement revu sur celui des éditions originales, sans autres changements que la distinction des *i* et des *j*, des *u* et des *v*, et la régularisation des majuscules et de la ponctuation. Les *Notices*, en tête de chaque pièce, sont courtes quoique substantielles. Ce qui domine ici, c'est Molière d'abord, et ensuite l'hommage offert à son génie par les illustrateurs.

Les 22 pièces suivantes sont déjà publiées :

Cette édition des *Œuvres de Molière* sera terminée en 1894.

Le prix de la sonscription aux ŒUVRES COMPLÈTES DE MOLIÈRE est de 500 francs.

COLLECTION ARTISTIQUE

Sous ce titre général **Collection artistique**, nous publions, avec un grand luxe d'illustrations, une série de volumes de nos meilleurs auteurs modernes. Nous avons fait choix de quelques œuvres très littéraires, de romans dont l'action se passe à des époques différentes de notre Histoire, pour permettre aux illustrateurs de reconstituer par le pinceau et par la gravure, dans des scènes intéressantes et mouvementées, le costume, les mœurs, l'ameublement, l'architecture de ces diverses époques. La partie artistique de chacun de ces ouvrages, confiée à un même peintre, est étudiée et exécutée avec le plus grand soin.

Volumes publiés dans cette Collection :

Chronique du Règne de Charles IX, par Prosper Mérimée. — *Illustrateur :* Édouard Toudouze. — *Graveurs sur bois :* Dutheil, Froment, Rousseau et Thomas. — *Aquafortiste :* Abot.

Les Chouans, par H. de Balzac. — *Illustrateur :* Julien Le Blant. — *Graveur sur bois :* Léveillé. — *Aquafortiste :* Boilvin.

Les Beaux Messieurs de Bois-Doré, par George Sand. — *Illustrateur :* Adrien Moreau. — *Graveurs sur bois :* Brauer, Froment, Hamel, Méaulle, Rousseau et Thomas. — *Aqua-fortistes :* Boulard, Géry-Bichard et Vion.

En préparation dans cette Collection :

Le Chevalier de Maison-Rouge, par Alexandre Dumas. — *Illustrateur :* Julien Le Blant.

La Famille Cardinal, par Ludovic Halévy, de l'Académie française. — *Illustrateur :* Léandre.

La Tulipe noire, par Alexandre Dumas. — *Illustrateur :* Delort

OUVRAGES DIVERS

Les Mois, par Alexandre Cabanel. — Gravures au burin d'Achille Jacquet.

Le Pompon vert, par Gustave Toudouze. — *Illustrateur :* Georges Jeanniot.

Les Mémoires des Autres et Les Nouveaux mémoires des Autres, par Jules Simon, de l'Académie française. — *Illustrateur :* Léandre.

La Russie, par Armand Silvestre. — *Illustrateur :* Henri Lanos.

Roi de Camargue, par Jean Aicard. — *Illustrateur :* George Roux.

Sylviane, par Ferdinand Fabre. — *Illustrateur :* George Roux.

GRANDS MAITRES DE L'ART
Beaux-Arts appliqués à l'Industrie

L'ART GOTHIQUE, *l'Architecture, la Peinture, la Sculpture, le Décor,* par Louis Gonse, membre du Conseil supérieur des Beaux-Arts, rédacteur en chef de la *Gazette des Beaux-Arts.* — Un splendide volume gr. in-4° colombier, imprimé avec le plus grand luxe, comprenant 488 p. de texte, 282 illustr. dans le texte exécutées d'après les magnifiques dessins de Boudier, 28 pl. hors texte dont la moitié en couleurs. — Tirage restreint.

> Prix de l'ouvrage, dans un cartonnage artistique imprimé en or et en couleurs, d'un genre nouveau et dans le style moyen âge. . . **100 fr.**
> 25 ex. sur papier des manufactures impériales du Japon . . . **250 fr.**

ANTOINE VAN DYCK ET SON ŒUVRE

par J.-J. Guiffrey. — Un volume in-folio colombier, contenant une très importante étude sur la vie et les œuvres du maître et de ses élèves, une centaine de gravures dans le texte et plus de 30 grandes planches hors texte.

> Édition sur papier vélin et planches sur hollande avec cartonnage artistique. . . . . **100 fr.**
>
> *Tirage numéroté, avec plusieurs suites des planches :*
> Nos 1 à 10 sur japon. . . . . **500 fr.**
> 11 à 30 sur chine. . . . . **300 fr.**
> 31 à 50 sur whatman. . . . . **300 fr.**
> 51 à 100 sur hollande . . . . **200 fr.**

ALBERT DURER ET SES DESSINS

par Charles Ephrussi. — Un volume in-4°, contenant de nombreux documents inédits, illustré d'une centaine de dessins dans le texte et de 60 planches hors texte.

> Prix, broché. . . . . **60 fr.**
> Avec cartonnage d'amateur, à coins **70 fr.**
> 100 ex. numérotés sur hollande . . **100 fr.**
> 10 ex. numérotés sur japon . . . . **200 fr.**

DICTIONNAIRE DE L'AMEUBLEMENT
ET DE LA DÉCORATION

depuis le XIII° siècle jusqu'à nos jours, par Henry Havard. — Quatre magnifiques volumes de 600 p. in-4° à 2 col., contenant chacun plus de 800 gravures dans le texte et 64 grandes planches hors texte en chromotypographie.

> Reliure souple à fers sur carton-cuir.
> Prix de l'ouvrage complet. . **220 fr.**

LA PORCELAINE TENDRE DE SÈVRES

par Édouard Garnier. — (Complet en 10 livraisons.) Splendide album grand in-4° colombier de 50 planches, contenant plus de 250 motifs reproduits en aquarelle précédés d'une importante notice historique et d'un tableau des marques et monogrammes des peintres, décorateurs et doreurs de la Manufacture de Sèvres, de 1753 à 1800.

> Prix de l'ouvrage, dans un cartonnage.. **200 fr.**
> Prix de chaque livraison. **20 fr.**

LA BRIQUE ET LA TERRE CUITE (1re Série)

par Pierre Chabat, architecte, avec la collaboration de Félix Monnery, architecte. — Étude historique de l'emploi de ces matériaux, fabrication et usages; motifs de construction et de décoration choisis dans l'architecture des différents peuples.

> Un volume in-folio, comprenant 80 planches en couleurs et un texte de 170 pages avec gravures intercalées.
> Prix, en carton . . . . . **200 fr.**

L'ART POUR TOUS, *Encyclopédie de l'art industriel et décoratif,* fondée par ÉMILE REIBER. — 24 nᵒˢ par an, composés chacun de 4 estampes avec blanc au dos, avec notices explicatives, et encartés dans un *Bulletin* traitant les questions techniques et artistiques à l'ordre du jour. Il paraît un fascicule de deux numéros à la fin de chaque mois. La 28ᵉ année est en cours de publication.

Abonnement annuel. . **24 fr.**
Chaque volume paru :
Cartonné **30 fr.**
Relié . . . **38 fr.**

LA PEINTURE DÉCORATIVE EN FRANCE DU XIᶜ AU XVIᶜ SIÈCLE

par GÉLIS-DIDOT et LAFFILLÉE, architectes. — L'ouvrage comprendra 50 planches in-folio, imprimées en fac-similé d'aquarelle, accompagnées chacune d'une feuille de texte; il paraît en cinq livraisons.

Prix de chaque livraison, ... **30 fr.**
Les deux premières livraisons sont en vente.

ENSEIGNEMENT DE L'ART DÉCORATIF

par M. CHARVET, architecte. — Un volume grand in-4º de 476 pages illustrées de 1229 gravures.

Prix du volume broché. **25 fr.**
Cartonné . . . . **30 fr.**

Bibliothèque de l'Enseignement des Beaux-Arts

(Comprenant actuellement 40 volumes)

L'ARCHITECTURE GOTHIQUE

par ED. CORROYER, architecte du Gouvernement, inspecteur général des édifices diocésains.

ARCHITECTURE DE LA RENAISSANCE

par M. LÉON PALUSTRE.

LE LIVRE, L'ILLUSTRATION, LA RELIURE

par M. HENRI BOUCHOT, attaché au département des estampes de la Bibliothèque nationale.

LA PEINTURE HOLLANDAISE

par M. HENRY HAVARD, inspecteur des Beaux-Arts.

LES PROCÉDÉS MODERNES DE LA GRAVURE

par M. A. DE LOSTALOT, secᵣᵒ de la rédᵒⁿ de la *Gazette des Beaux-Arts.*

LA COMPOSITION DÉCORATIVE

par M. HENRY MAYEUX, architecte du Gouvernement, professeur d'art décoratif dans les écoles de la Ville de Paris.

Chaque volume, de format in-4º anglais, est imprimé avec luxe sur papier teinté. Il contient environ 400 pages illustrées de 100 à 200 gravures inédites, spéciales à la collection et exécutées d'après les originaux.

Prix de chaque volume :

Broché . . . . **3 fr. 50**
Avec un cartonnage artistique en toile-reliure . **4 fr. 50**
Reliure avec fers spéciaux et écussons pour distributions de prix . **5 fr. »**
Demi-reliure d'amateur . . . . . . **6 fr. »**

Publications Artistiques

UN CAS DE RUPTURE

par ALEXANDRE DUMAS fils, de l'Académie française. Édition de luxe d'un petit chef-d'œuvre inconnu. Un volume petit in-4º de plus de 100 pages illustrées d'une série de compositions d'une variété infinie, dessinées page à page par EUGÈNE COURBOIN et gravées en taille-douce par LEMERCIER, formant décoration autour du texte. Tirage en taille-douce de tons divers changeant selon les sujets.

1050 exemplaires numérotés :

1000 exemplaires sur vélin à la forme *(presque épuisés).* . . . . **60 fr.**
40 exemplaires sur japon, avec suite de 100 pl. hors texte *(épuisés).* . . **120 fr.**
10 exemplaires sur japon, ornés chacun de 10 compositions originales d'Eugène Courboin *(épuisés)* . . . . . **500 fr.**
Emboîtage cuir japonais, rubans satin. . . . . **6 fr.**

LE ROSIER DE MADAME HUSSON

par GUY DE MAUPASSANT. Une charmante plaquette in-4º de 45 pages, avec aquarelles D'HABERT DYS à toutes les pages. Tirage restreint à 1050 exemplaires.

1000 exemplaires sur papier teinté, numérotés. Prix. . . . . **25 fr.**
40 exemplaires sur japon numérotés *(épuisés).* **50 fr.**
10 exemplaires sur japon, avec aquarelles originales sur le faux titre *(épuisés).* . . . **100 fr.**

Histoire, Géographie et Voyages

PARIS, par A. Vitu, couronné par l'Académie française. — Un magnifique volume grand in-4°, imprimé avec luxe, comprenant 500 pages de texte et 450 dessins inédits, exécutés d'après nature par les meilleurs artistes.
Prix, dans un cartonnage artistique imprimé en aquarelle . . . . **25** fr.
Avec reliure d'amateur, à coins tête dorée. . . **40** fr.

TUNIS ET SES ENVIRONS

Un volume de luxe in-4° raisin de 250 pages, texte et dessins d'après nature par Ch. Lallemand. 150 aquarelles tirées en couleur.
Prix, broché. . . . . . **35** fr.
Cart. av. fers spéciaux. **42** fr.
Demi-rel. d'amateur. . **45** fr.

LA HOLLANDE A VOL D'OISEAU

par Henry Havard. — Grand in-8° de 400 pages, sur papier vélin, illustré par Maxime Lalanne de 25 eaux-fortes hors texte et de 150 croquis ou fusains dans le texte.
Broché. . . . . **25** fr.
Riche cartonnage artistique. **32** fr.
100 ex. numérotés sur hollande (épuisés) . . . . **50** fr.

HISTOIRE D'UN PAQUEBOT

par le commandant Louis Tillier et Paul Bonnetain. — Illustrations de Montader.
Élégant volume, in-4° carré, richement illustré, br. **7** fr. **50**
Dans un cartonnage à tranches dorées et fers spéciaux. **12** fr.

Ouvrages pour la Jeunesse

LA COMÉDIE CHEZ BÉBÉ. Illustrations par F. Bouisset. — Magnifique album gr. in-4°, contenant 32 grandes grav., plus le texte. Toutes les gravures de ce riche album, imprimées en couleurs, sont des reproductions d'aquarelles.
Prix avec cartonnage en couleurs. **5** fr.

LE VOYAGE DE MADEMOISELLE ROSALIE

par R. Vallery-Radot. — Dessins d'Adrien Marie. — Album in-4°, contenant 36 reproductions d'aquarelles en couleurs et 32 p. de texte.
Cartonnage en couleurs. Prix. . . . .**1** fr. **50**

BIBLIOTHÈQUE DE L'ÉDUCATION MATERNELLE

La Nuit de Noël, par Carnoy. Illustrations de Chovin.
Mlle Trymbalmouche, par Mme N. Balleyguier. Ill. de Zier.
L'Hiver à la Campagne, par Mme de Witt. Ill. de Chovin.
L'Enfant des Vosges, par Mme Julie de Monceau. Ill. de A. Lemaître.
Format in-16. Le vol. broché, avec couverture en couleurs . . . . **2** fr. **25**
Rel. bleu et or, av. tr. dorées. **3** fr. **50**
(20 volumes parus).

Bibliothèque d'Histoire illustrée

Publiée sous la direction de M. J. Zeller, membre de l'Institut, et de M. Vast, docteur ès lettres

LES DEUX RÉVOLUTIONS D'ANGLETERRE (1603-1689)
ET LA NATION ANGLAISE AU XVII° SIÈCLE

par M. Ed. Sayous, professeur à la Faculté des Lettres de Besançon. — Un volume in-8°. Texte de 260 pages, nombreuses illustrations.
Prix, broché. **4** fr.
Cartonné. . . **5** fr.

LA FRANCE SOUS LOUIS XV (1723-1774)

par M. H. Carré, professeur à la Faculté des Lettres de Poitiers. — Un volume in-8°. Texte de 260 pages, nombreuses illustrations.
Prix, broché. **4** fr.
Cartonné. . . **5** fr.

Bibliothèque des Sciences et de l'Industrie

LES CHEMINS DE FER

par Pol Lefèvre, sous-chef du mouvement à la Compagnie des chemins de fer de l'Ouest, et G. Cerbelaud, inspecteur du mouvement aux chemins de fer de Ceinture de Paris.
Prix du volume, broché. **5** fr.
Avec cartonnage en toile-reliure. . . . . . . **6** fr.

LA NAVIGATION MARITIME

Marine de guerre et de commerce ; navigation de plaisance, par E. Lisbonne, ancien élève de l'École polytechnique.
Prix du volume, broché. **5** fr.
Avec cart. en toile-rel. **6** fr.

9875. — Lib.-Imp. réunies, 2, rue Mignon. — Paris.

EM. TERQUEM

Rue Scribe, 19, Paris

Maison de commission en librairie pour l'étranger et tout
spécialement pour les États-Unis.

Par suite des rapports entre les éditeurs français que
M. Em. Terquem représentait à l'Exposition de Philadelphie, en 1876, et les éditeurs américains dont les
intérêts lui ont été confiés aux Expositions universelles
de Paris, en 1878 et en 1889, il estime, en raison de ses
relations suivies entre les deux pays, avoir amené,
depuis les commencements très modestes de sa maison,
fondée en 1877, un courant d'affaires d'exportation et
d'importation très important et auquel il emploie tous
ses efforts à en favoriser le développement.

A ces affaires, la maison a ajouté, depuis une douzaine
d'années, une industrie toute nouvelle en France : c'est
un ensemble d'*articles spéciaux pour la manipulation
du livre*; on en trouvera la nomenclature à la page ci-
contre. Ces articles, d'une vente annuelle de plus en
plus active, démontrent, par cela même, l'utilité pratique qu'en recueillent le bibliophile, l'homme de
science, le libraire et l'amateur.

Des récompenses ont été obtenues à toutes les Expositions françaises et étrangères où ces articles ont figuré.

☞ Les visiteurs intéressés aux articles ci-contre
trouveront un catalogue détaillé donnant les prix, devis
et dessins de 27 modèles différents de *Bibliothèques
tournantes*. Ce catalogue sera également envoyé franco,
sur demande adressée à Em. Terquem, rue Scribe, 19,
Paris.

ARTICLES EXPOSÉS

BIBLIOTHÈQUES TOURNANTES

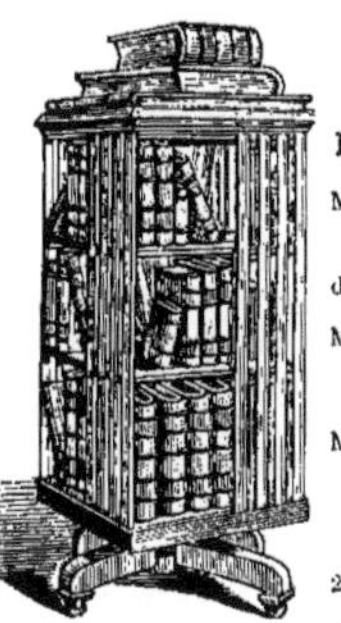

Modèle nº 1, en noyer. Prix. 200 fr.

Peut loger environ 300 volumes in-8 dans ses quatre étages.

Modèle nº 6, en noyer. Prix. 250 fr.

Avec pupitre et quatre cartons.

Modèle nº 13, en noyer. Prix. 60 fr.

Pour être posé sur une table.

☞ Voir le catalogue descriptif de 27 modèles.

Modèle en réduction du numéro 2.

APPUI-LIVRES A COULISSES

Modèle O, dimension 0.20 × 0.08. Prix . . . . 8 fr.

  — A, — 0.35 × 0.13. — . . . . 10 —

  — B, — 0 40 × 0.15. — . . . . 15 —

  — C, — 0.60 × 0.18. — . . . . 20 —

Se font en noyer, bois noir, acajou, etc., etc., et sur demande, toutes dimensions intermédiaires ainsi que tous modèles riches.

ARTICLES EXPOSÉS

L'APPUI-LIVRE MOBILE

Adopté par toutes les Bibliothèques et Administrations publiques
de France et de l'étranger.

L'Appui-livre mobile, par son utilité incontestable,
rend de grands services aux Bibliothèques publiques,
aux administrations, aussi bien qu'à toutes personnes,
pour l'usage particulier de leurs livres, brochures, etc.

Une paire suffit à établir une rangée de volumes de
tous formats et quelle que soit sa longueur, soit sur
une table ou sur un bureau.

Un seul Appui-livre étaye des volumes dans un rayon
de bibliothèque non complètement garni.

Il facilite le travail de classement et de manipulation
des ouvrages pour les Bibliothèques, Administrations, etc.

La construction de cet objet est d'une simplicité
extrême ; c'est une plaque de tôle vernie, ornée et bien
travaillée ; il n'occupe que très peu de place sur l'éta-
gère ou dans le rayon de bibliothèque, car son épais-
seur égale celle de la couverture d'un livre broché.

L'ensemble de cet article se compose
de 3 modèles, à savoir :

Modèle nᵒ 1. — Plaque découpée vernie noire, *la paire*. . . . . 2 fr. »

Modèle nᵒ 2. — Plaque pleine vernie
noire, *la paire*. . . . . . , 3 fr. »

Modèle nᵒ 3. — Plaque pleine vernie
couleur. . . . . 3 fr. 50

LE PORTE-DICTIONNAIRE

Cet article répond à un besoin journalier; il peut contenir depuis un atlas jusqu'à un gros Dictionnaire ou Bottin; monté sur un élégant pied à roulettes, il peut, sans effort, venir à la portée de la main; la tige monte et s'abaisse, le pupitre tourne à volonté, avec toutes les inclinaisons possibles; c'est un véritable *vade-mecum* du bureau et du cabinet de travail.

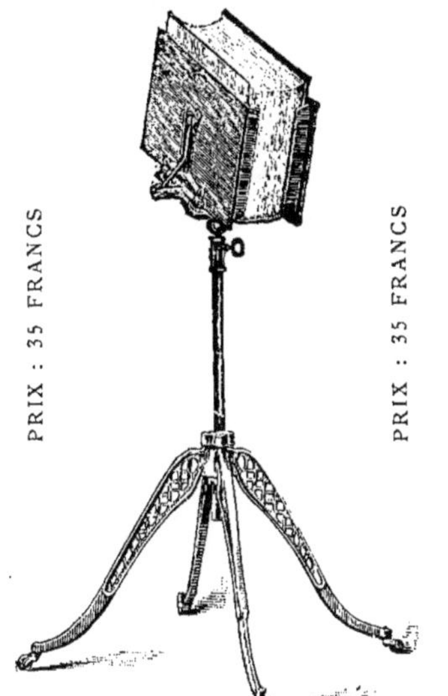

Imprimé sur papier des *Papeteries du Marais*, par D. Dumoulin et Cie.

LIBRAIRIE LOUIS WESTHAUSSER

PARIS — 10, rue de l'Abbaye, 10 — PARIS

EXTRAIT DU CATALOGUE GÉNÉRAL

BIBLIOTHÈQUE MILITAIRE

Les Éléments de la tactique, par Meckel, de l'État-Major, traduit sur la deuxième édition allemande, par H. Monet.

Un fort volume in-8, avec nombreuses gravures dans le texte et deux grandes cartes. . . . . **10 fr.**

Grand État-Major allemand, *Monographies* publiées par la Section historique du grand état-major allemand. Traduction française par Ch. Russier, chef de bataillon d'infanterie, professeur à l'école supérieure de guerre.

1er Fascicule : *La surprise de Fontenoy-sur-Moselle, le 22 janvier 1871*. Avec une carte coloriée. — *Les Combats de Failly, Servigny et Noisseville, le 31 août 1870*. Avec une carte et trois croquis. . . . . **4 fr.**

2e Fascicule : *Le détachement de Bottenstern dans la vallée du Loir, les 26 et 27 décembre 1870*. Avec une carte et un croquis colorié — *La 6e division de cavalerie en Sologne, 6 au 16 décembre 1870*. . . . . **3 fr.**

La Nation armée, *organisation militaire et méthodes de guerre modernes*, par le baron Colmar von der Goltz, du grand état-major allemand, traduit par H. Monet, capitaine d'infanterie, de l'état-major du 3e corps d'armée.

Un fort vol. in-8 cavalier, 4e édition. . . . . **8 fr.**

Lettres Militaires, par le prince Kraft de Hohenlohe-Ingelfingen, général d'infanterie à la suite de l'armée, aide de camp général de Sa Majesté l'empereur et roi.

Lettres sur la Cavalerie. Un vol. in-8 cavalier . . **4 fr.**
Lettres sur l'Infanterie. Un vol. in-8 cavalier . . . **4 fr.**
Lettres sur l'Artillerie. Un vol. in-8 cavalier . . . **6 fr.**
Lettres sur la Stratégie. Un vol. in-8 cav. 3 cart. **10 fr.**
Lettres sur la Stratégie. Tome II avec 2 cartes . . **10 fr.**
Entretiens sur la Cavalerie. Un vol. gr. in-8 cav. . **7 50**
Lettres sur l'Artillerie (Supplément). Réponse à différentes questions. Un vol. in-8 . . . . **1 50**
L'Artillerie de campagne **2 50**

Études de Guerre *ayant pour base la guerre franco-allemande de 1870-1871*, par le général J. de Verdy du Vernois, ancien ministre de la guerre, traduit de l'allemand par H. Monet, capitaine d'infanterie, de l'état-major du 3e corps d'armée. Première partie : Événements ayant eu lieu dans la zone frontière (du 15 juillet au 2 août 1870).

1er Fascicule avec un appendice : Ordre de bataille de l'armée française, un croquis (n° 1) et une carte d'ensemble (n° 1). Un volume in-8. Prix. **3 50**

2e Fascicule avec un appendice : Ordre de bataille de la troisième armée allemande, une carte d'ensemble (n° 2) et un plan des environs de Sarrebrück. Un vol. in-8°. **4 »**

BIBLIOTHÈQUE LITTÉRAIRE

L'Archiduc Rodolphe, *le Kronprinz*, l'écrivain, par A. de Bertha.

Un beau volume in-8, avec gravures, dont une eau-forte de H. Manesse. — Prix : 3 fr. 50 c. Sur Hollande : 8 fr. Sur Japon : 20 fr.

Bismarck-intime, par X... Un élégant volume in-18, couverture illustrée. Prix **3 50**

La Femme en Allemagne, *étude sur toutes les classes sociales de la femme allemande*, par John Grand-Carteret.

Un volume grand in-8, richement illustré. Illustrations françaises de Mars, Jeanniot, Viollier. Illustrations allemandes de Karger, E. Juch, Schachinger, F. A. von Kaulbach, Hugo von Habermann, Lossow. (Deux eaux-fortes exécutées par M. Henri Lefort, d'après les originaux à la mine de plomb de Lossow). Reproductions d'après Defregger, Piglhein, Schliessmann, Klic, Daelen, Oberlænder, Besetein, Wehle, etc., prix broché **15 fr.**, cartonné **20 fr.**, relié **24 fr.** Édition sur grand papier de Japon . . . . **50 fr.**

François-Joseph Ier et son Règne (1848-1888), à l'occasion du 40e anniversaire de son avènement au trône, par A. de Bertha. Un beau volume in-8, orné de gravures, dont une eau-forte de H. Manesse : 3 fr. 50 c. Sur papier de Hollande 8 fr., sur papier de Japon : 20 fr.

L'Internationale Rouge, par le Dr Zacher, ouvrage traduit de l'allemand avec l'autorisation de l'auteur.

Un volume in-18. Prix. **3 50**

Le Mal du siècle, par M. Nordau. Traduit de l'allemand par Aug. Dietrich. Un fort volume in-18. Prix . . . **3 50**

Mémoires du comte de Beust (*Trois quarts de siècle*) ancien chancelier de l'empire d'Autriche-Hongrie, avec des notes inédites et une préface de M. Kohn-Abrest.

2 volumes in-8, avec un portrait. Prix . . . . . . **15 fr.**

Les Mœurs et la Caricature *en Allemagne, en Autriche, en Suisse*, par J. Grand-Carteret, préface de Champfleury.

Un volume grand in-4, illustré de plus de 325 planches dans le texte et hors texte, en noir et en couleur.

2e édition. Prix, broché : **25 fr.** Élégante reliure toile, tranche dorée : **30 fr.** Édition sur véritable papier de Hollande, avec triple suite des planches hors texte.

Prix . . . . **80 »**
Édition sur grand papier des manufactures impériales du Japon, avec triple suite des planches hors texte. Prix **120 fr.**

L'Age d'Or, 12 composit. nouvelles, par Alexandre Zick.

Édition format in-4°, enfermée dans un riche carton doré, orné d'un superbe frontispice. . . . . **25 fr.**
Grande édition de luxe, format in-folio, avec belle reliure d'amateur . . . . **50 fr.**

Métamorphoses, douze dessins nouveaux, par Henri Lossow.

Édition in-4°, les 12 planches réunies dans un magnifique carton orné d'une vignette. Prix . . . . **30 fr.**
Édition de luxe, format in-folio très belle reliure d'amateur. Prix . . . . **25 fr.**

La Mort de Danton, par Georges Buchner, drame en trois actes et en prose, suivi de *Wozzeck*, *Lenz*, le *Messager Hessois*, *Lettres*, etc., traduit en français et précédé d'une étude par Auguste Dietrich. — Préface de Jules Claretie, de l'Académie française. Un fort vol. in-18. **3 50**

Nouvelles Slaves, par K. Toursky, Stremeinger et Sacher-Masoch, avec une préface de V. Cherbuliez, de l'Académie française. Un vol. in-18, 3e édition. Prix : **2 fr. 50**

Pensées d'un Gamin de Paris, par un écrivain pas bégueule, mais anti-pornographe, préface par un membre de l'académie tonkinoise, illustrations de Col-Toc, Fau, Viollier. Un joli volume de luxe in-18. Prix . . . . **6 fr.**

Histoire merveilleuse de Pierre Schlemihl, ou *l'Homme qui a vendu son ombre*, par Adelbert de Chamisso.

Traduction nouvelle par Auguste Dietrich. Un magnifique volume in-8, illustré de 100 dessins de Henri Pille, et deux portraits de Chamisso. Prix broché **15 fr.**; cart. **20 fr.**; reliure amateur **25 fr.**

Richard Wagner, par Paul Lindau. Traduit en français par Johannès Weber.

Un volume in-18, avec une belle eau-forte : le portrait de Richard Wagner. Prix. **3 50**

Madame de Staël et son temps, par lady Blennerhassett (née comtesse de Leyden), traduction française, par Auguste Dietrich. Ouvrage couronné par l'Académie française. Le 1er volume est orné d'un beau portrait de Mme de Staël, par Gérard. 3 vol. in-8. . . . . **22 50**

Le Tonkin, ou *la France dans l'Extrême-Orient*, par C.-B. Norman. Un vol. in-18 . . . . **3 50**

Danton et Robespierre, par Robert Hamerling, drame en 5 actes, traduit de l'allemand et précédé d'une étude par Auguste Dietrich. Lettre-Préface par Auguste Dide, sénateur. 1 vol. in-18 . . . . **3 50**

Maximilien Robespierre, par Robert Griepenkerl, drame en cinq actes et en prose, traduit de l'allemand et précédé d'une étude par Auguste Dietrich. Avec une lettre de M. F. A. Aulard, préface par Albert Regnard. Un volume in-18 . . . . **2 50**

Comédie du sentiment, roman nouveau, par M. Nordau. Traduction française, avec une Lettre-Préface, par Auguste Dietrich. — Un fort volume in-18. Prix 3 fr. 50.

Les Confessions de Théroigne de Méricourt, *la Belle Liégeoise*, par Ferdinand de Strom-Ravelsberg. Un élégant volume in-18, avec gravure. Prix **3 50**

BIBLIOTHÈQUE ENFANTINE
PREMIER AGE

ALPHABETS NOUVEAUX
3 titres, format in-4°, 18 pages, gravures couleurs, couverture chromo. Prix : **1** fr.

2 titres, format grand in-4°, 16 pages, gravures en couleurs, couverture chromo. Relié : **4** fr.
Indéchirables sur toile.

NOUVELLE COLLECTION BIJOU
Charmants petits albums in-16, illustrés de fines gravures en couleurs. Chaque série se compose de six volumes reliés à **1** fr.

2ᵉ *Série.* — Texte par Mˡˡᵉ Cécile DE BRY, 6 vol.

1ʳᵉ *Série.* — Édition complète en un seul volume.
Prix relié : **5** fr.

NOUVELLE COLLECTION GRAND IN-4°
1 volume à **2** fr. **50**. — 2 volumes à **2** francs.

COLLECTION DIAMANT
par Mᵐᵉ DE BOSGUÉRARD

6 ravissants petits volumes (8×9 cent.), le tout dans une jolie boîte formant bibliothèque.

La collection, **3** fr. — Le vol. relié, **50** c.

ALBUMS-JOUETS
à manivelle,

élégant cartonnage, 2 volumes à **5** fr.

ALBUMS-PANORAMAS
indéchirables, sur toile ou sur carton, avec texte, 3 titres différents.

à **5** fr., à **3** fr., à **2** fr. **50**

LIVRES D'IMAGES MÉCANIQUES
Personnages mouvants à tirettes.

format in-folio, nombreuses gravures humoristiques en couleurs, textes par ERNEST D'HERVILLY et Mᵐᵉ M. DE BOSGUÉRARD.

4 vol. à **10** fr., 2 vol. à **6** fr.

ALBUMS-THÉATRES A DÉPLOYER
Format in-folio

2 vol. à **12** fr., 1 vol. à **10** fr., 1 vol. à **6** fr.

SÉRIE NOËL
4 vol. petit in-4°, élégant cartonnage, gravures couleurs, texte par Mˡˡᵉ Georgette BRÉTIGNY, couv. chromo. Prix **1** fr. **25**

LIVRES D'IMAGES DÉCOUPÉS
Nombreuses gravures en couleurs, couverture chromo.

1ʳᵉ *Série.* — 2 volumes à **3** fr.

2ᵉ *Série.* — 3 volumes à **2** fr.

3ᵉ *Série.* — 8 volumes à **1** fr. **50**.

4ᵉ *Série.* — 3 volumes à **60** cent.

LE PETIT ARITHMÉTICIEN
Petit appareil très ingénieux, monté sur un carton fort, réunissant les quatre opérations : addition, soustraction, multiplication et division; présenté en quatre langues : français, italien, espagnol et portugais, et accompagné d'une méthode d'emploi, le tout contenu dans une élégante boîte en carton, très amusant et instructif comme premier enseignement. Prix **5** fr.

Journal pour les Enfants sages, texte d'Ernest d'Hervilly, illustrations en couleurs de Coll-Toc. Très amusant petit album *trompe-l'œil* formant un journal plié sous-bande (rose et bleu). Prix **75** centimes.

Albums pour Enfants de 6 à 12 ans

ANDRÉ THEURIET

LA RONDE DES SAISONS & DES MOIS

Magnifique Album grand in-4°
Illustré de 37 compositions originales,
tirées en couleurs,
par Harriett M. Bennett

Cartonné, couverture chromo. Prix   **8** fr.
Relié toile, tranches dorées . . . .   **10** fr.

COLLECTION BLANCHE

9 beaux albums in-4° illustrés de nombreuses gravures en couleurs et différentes teintes, par Harriett M. Bennett, J. Lawson, L. Mack.

Couverture chromo, relié. . . Prix **6** fr.

SÉRIE BABIOLES

4 jolis albums in-4°, illustrés d'un grand nombre de gravures en couleurs et différentes teintes, couverture chromo, relié.
Prix. . . . . **5** fr.

NOUVELLE SÉRIE ENFANTINE

Onze très jolis albums in-4°, gravures en couleurs, couverture chromo.

Textes par Mme de Bosquérard, Mlle Georgette Brétigny, Ernest d'Hervilly.

Relié : **2** fr. **50**.

Deux volumes à **1** fr. **50**.

ALBUMS ENFANTINS RELIGIEUX

2 vol., format grand in-4°, gravures en couleurs, couverture chromo.
Texte par l'abbé POYER.
Prix : **3** francs.

3 vol., format petit in-4°, très fines gravures en couleurs, couverture chromo et or.
Prix : **2 fr. 50.**

1 volume, format in-8° carré.
Prix : **2** francs.

NOUVELLE BIBLIOTHÈQUE

POUR JEUNES FILLES

5 beaux volumes in-8° carré, illustrés de gravures en couleurs et en noir.

Le volume broché,
très élégante couverture moirée.
Prix **3 fr.**
Le volume relié toile, plaque or et noir, tranches dorées.
Prix : **3** fr. **50**

ALBUMS D'IMAGES ESTAMPÉS

Charmants petits albums de haute fantaisie, de forme très originale.

Série à **1** fr. **50**
Textes par Ernest d'HERVILLY
6 volumes.

Série à **1** fr. **25**
Textes par Ernest d'HERVILLY
12 volumes avec texte,
sans texte.

Ernest d'HERVILLY
Le Langage des Fleurs. Ce que disent les Plantes, les Fleurs et les Fruits.
Un élégant volume in-4° carré, reliure toile. Prix **3** francs.

Nos Bébés

Poésies par ERNEST D'HERVILLY, lauréat de l'Académie française.
24 aquarelles enfantines, divisées en 3 séries de 8 aquarelles. — Chaque série, renfermée dans un élégant carton, toile, plaque or, tranches dorées, se vend séparément au prix de **5** francs.

ALBUMS ILLUSTRÉS POUR TIMBRES-POSTE

Cartes postales, Cartes-télégrammes, Enveloppes, Bandes, Mandats, etc.,
par L. RICHARD.

NOUVELLE LIBRAIRIE DE LA JEUNESSE

IMPRIMERIE CHAIX, RUE BERGÈRE, 20, PARIS. — 14406-6-92.

IMPRIMERIE
en
TAILLE - DOUCE
CH. CHARDON
Imprimeur de la Chalcographie
du Louvre
CH. WITTMANN
Successeur
PARIS . 10 . RUE DE L'ABBAYE

Dessin de François Flameng

Gravé par Boisson.

En Province

Lui la rougeur au front, elle toute interdite,
En effleurant leurs doigts humides d'eau bénite,
De s'être dit tous deux à la fois : Prenez-en.

L. HÉBERT, ÉDITEUR

IMPRIMERIE CHARDON-WITTMANN — PARIS

TABLE

DES MATIÈRES

Marque de Jean Blaeu
Surmontée des armes d'Amsterdam.
Année 1643.

SCEAU DE LA VILLE DE LEYDE, EN 1412

D'après le sceau conservé aux Archives nationales.

Dans une niche d'architecture gothique supportée par deux lions, saint
Pierre, à mi-corps, nimbé et coiffé de la tiare, tient une clef et une croix
processionnelle. Au bas un écu portant deux clefs en sautoir. (V. G. Demay,
Sceaux de Flandre, iv, 239.)

TABLE DES MATIÈRES

LE CERCLE DE LA LIBRAIRIE

CATALOGUE DE L'EXPOSITION

ADAM (Mᵐᵉ EDMOND), directrice de la *Nouvelle Revue.*

ALCAN (FÉLIX). libraire-éditeur.

BELIN FRÈRES, imprimeurs-libraires.

CERCLE DE LA LIBRAIRIE.

ORNEMENTATION DE CE CATALOGUE

I — FRANCE

MARQUES D'IMPRIMEURS ET DE LIBRAIRES

II — PAYS-BAS

DOCUMENTS DIVERS

MARQUES D'IMPRIMEURS ET DE LIBRAIRES

FIN

MARQUE DE JEAN MAIRE

Imprimeur à Leyde. 1643.

Elle est accompagnée d'une devise latine qui signifie :
« Travaille et espère. »

MARQUE DE FRANÇOIS L'HONORÉ

Marchand-libraire à La Haye. 1701.

Image de la Gloire littéraire, poétique et scientifique, avec une
légende latine qui signifie : « Celui qui honore le mérite s'honore lui-
même. »

MARQUE DE MICHEL I SONNIUS

Imprimeur-libraire à Paris, 1575-1588

Une vipère mord le doigt de saint Paul, qui la secoue dans les flammes.
La légende latine se traduit ainsi : « Si Dieu est avec nous, qui sera contre
nous? » (*Saint Paul aux Romains*, VIII, 31.)

MARQUE D'ANTOINE SCHOUTEN
Libraire à Utrecht. 1694.

L'Occasion, debout sur la boule mobile, tient une voile que gonfle la brise; sa tête, chauve par derrière, est chevelue par devant. Il n'y a qu'un instant et surtout un point par où l'on puisse la saisir au passage. De là sans doute est venue cette locution : Saisir l'occasion par les cheveux.

SCEAU DE LA VILLE D'AMSTERDAM, EN 1357

.. D'après le sceau conservé aux Archives nationales.

Un vaisseau portant suspendu à la hune un écu au
lion et entouré de cette légende : « Sigillum oppidi de
Amestelredamm. » (V. G. Demay, *Sceaux de Flandre*,
I, 421.)